Kirche und Wirtschaft in der Verantwortung
für die Zukunft der Weltwirtschaft

Gerhard Fels (Hrsg.)

Kirche und Wirtschaft in der Verantwortung für die Zukunft der Weltwirtschaft

Deutscher Instituts-Verlag

CIP-Kurztitelaufnahme der Deutschen Bibliothek

Kirche und Wirtschaft in der Verantwortung für die Zukunft der Weltwirtschaft /
Gerhard Fels. – Köln: Deutscher Instituts-Verlag, 1987.
  (div-Sachbuchreihe; 46)
  ISBN 3-602-34850-4
NE: Fels, Gerhard [Hrsg.]; GT

Herausgegeben vom Institut der deutschen Wirtschaft
© 1987 Deutscher Instituts-Verlag GmbH,
Gustav-Heinemann-Ufer 84–88, 5000 Köln 51,
Telefon (02 21) 3 70 83 41
Lektorat: Frauke Lill-Roemer
Druck: Bercker, Kevelaer

Inhalt

Vorwort   7

Lothar Roos
Einführung   10

I. Die Position der Kirche

Ansprache von Papst Johannes Paul II.   24

Joseph Cardinal Ratzinger
Einführung zum Symposion   29

Agostino Cardinal Casaroli
Der Dialog zwischen Kirche und Wirtschaft   38

Joseph Cardinal Höffner
Die Weltwirtschaft im Licht der katholischen Soziallehre   48

II. Zur Diskussion: Das Verhältnis der Industrienationen zu den Entwicklungsländern

Gerhard Fels
Wirtschaftliche Entwicklung in Partnerschaft und Solidarität   64

Gabino A. Mendoza
Zusammenhänge zwischen der weltwirtschaftlichen Entwicklung und der einzelstaatlichen Wirtschaftsentwicklung am Beispiel der Philippinen   74

Jürgen Warnke
**Zu den Möglichkeiten einer marktwirtschaftlichen
Weltwirtschaftsordnung** 93

Bela Balassa
Marktöffnung für Entwicklungsländer 102

III. Spezialprobleme der Entwicklungsländer

Carlos Geraldo Langoni
Die Schuldenkrise: ein finanzielles Problem? 118

Juergen B. Donges
**Die Auslandsverschuldung: Herausforderung für die
Wirtschaftspolitik** 137

Helmuth Klauhs
**Auswirkungen des Investitionsklimas auf die Kreditvergabe
durch private Banken** 143

Rafael Moreno
Strategien zur Bekämpfung des Hungers 149

Marcos Gianetti da Fonseca
**Arbeitslosigkeit und Unterbeschäftigung in den
Entwicklungsländern am Beispiel Brasiliens** 176

Tyll Necker
Unterbeschäftigung in Entwicklungsländern 191

Johann Schasching
Arbeit, Arbeitslosigkeit und Entwicklung 202

Teilnehmerverzeichnis 207

Gerhard Fels
Vorwort

Unmittelbar vor der Bischofssynode 1985 in Rom veranstalteten das Institut der deutschen Wirtschaft, die Internationale Vereinigung Katholischer Universitäten, die Konrad-Adenauer-Stiftung und der Päpstliche Rat für die Laien im Vatikanstaat einen internationalen Kongreß zum Thema: Kirche und Wirtschaft in der Verantwortung für die Weltwirtschaft.

Die Gesellschaft zur Förderung der schweizerischen Wirtschaft, die Österreichische Volkswirtschaftliche Gesellschaft und der Bund Katholischer Unternehmer in der Bundesrepublik Deutschland haben den Kongreß wesentlich unterstützt und an ihm mitgewirkt.

Dieser Kongreß, der mehr als 400 Teilnehmer aus den Kirchen, der unternehmerischen Wirtschaft, den Gewerkschaften und der Wissenschaft zusammenführte, hatte zum Ziel, den Dialog zwischen Verantwortlichen aus Kirche und Wirtschaft zu fördern und weltweit auszudehnen. Der Nachklang zu dem Kongreß macht deutlich, wie sehr wirtschaftliche Fragen nicht auf Unternehmen, Gewerkschaften und Politik beschränkt bleiben, sondern auch die innerkirchliche Diskussion zunehmend bestimmen.

Der internationale Charakter des Kongresses fand im Tagungsort, im Thema und in der Herkunft der Teilnehmer seinen Ausdruck. Es ging in Rom um die Entwicklungsprobleme der Dritten Welt. Aus 40 Ländern kamen die Teilnehmer, darunter mehr als 100 aus Entwicklungsländern. Die Initiative zu dem Kongreß wurde von der katholischen Kirche in hohem Maße gefördert und mitgetragen. Der Präfekt der Glaubenskongregation, S. Em. Joseph Cardinal Ratzinger, der Vorsitzende der Deutschen Bischofskonferenz und Erzbischof von Köln, S. Em. Joseph Cardinal Höffner, und der Präsident der Päpstlichen Kommission Iustitia et Pax, S. Em. Roger Cardinal Etchegaray, hatten die Schirmherrschaft übernommen. Höhepunkt des Kongresses war die Audienz, die Seine Heiligkeit, Papst Johannes Paul II., den Teilnehmern gewährte.

Der Dialog in den großen Plenen und Foren ließ deutlich werden, wo es Übereinstimmungen gibt und wo Diskussionsbedarf zwischen Kirche und Wirtschaft besteht. Erörtert wurden die ökonomischen und sozialen Probleme der wirtschaftlichen Entwicklung. Dabei tauchten immer wieder Fragen auf, die das Verhältnis von Ökonomie und Ethik betrafen.

Die schriftlichen Ergebnisse des Kongresses würden ein dickes Buch füllen, wollte man sie alle veröffentlichen. Verlegerische Gesichtspunkte erlauben dies leider nicht. Dieser Band enthält eine Zusammenfassung der Beratungen sowie die Beiträge, die den Diskussionen zugrunde lagen. Neben der Ansprache von Papst Johannes Paul II. und den Referaten der Kardinäle Ratzinger, Casaroli und Höffner handelt es sich um die Einführungsreferate zu den Plenen und Foren und um einige Voten, die sich mit besonders aktuellen Problemen der Entwicklungsländer befassen.

Bei dem Kongreß ging es um weit mehr als um akademische Erörterungen. Die Teilnahme bedeutender Politiker und Praktiker aus der Wirtschaft sorgte dafür. Im intensiven Gespräch mit Vertretern aus Entwicklungsländern konnte eine Basis gefunden werden, die für einen weiterführenden Dialog über Fragen der Entwicklungspolitik tragfähig ist. Der Kongreß markiert deshalb eher einen neuen Anfang des Kirche-Wirtschaft-Dialogs als einen Endpunkt.

Wissenschaftliche Erörterung, politischer Realitätsbezug und menschliche Begegnung machten den Kongreß zu einem Ereignis. Mehr als hundert Vertreter der internationalen Presse und der Medien haben über ihn berichtet und ihn kommentiert.

Zahlreiche Unternehmen und Institutionen der Wirtschaft aus der Bundesrepublik und dem Ausland haben durch ihre materielle Hilfe diesen Kongreß ermöglicht. Ihnen sei auch an dieser Stelle gedankt. Ein besonderer Dank gebührt dem Bundesminister für wirtschaftliche Zusammenarbeit der Bundesrepublik Deutschland, Dr. Jürgen Warnke, ohne dessen Unterstützung der Kongreß in dieser Form nicht hätte stattfinden können.

Die inhaltliche Vorbereitung und Organisation lagen in der Hand eines Teams von engagierten Beratern und Helfern, das sich zwei Jahre lang dieser Aufgabe angenommen hatte. Für diese Gruppe sei vier Personen gedankt, die die Hauptlast zu tragen hatten: S. E. Dr. Paul Josef Cordes, dem Vizepräsidenten des Päpstlichen Rates für die Laien, Msgr. Professor Dr. Franco Biffi, dem Generalsekretär der Internationalen Vereinigung Katholischer Universitäten, Josef Thesing, dem Leiter des Internationalen Instituts der Konrad-Adenauer-Stiftung, und Michael Spangenberger, dem Leiter des Referates Kirche/Wirtschaft des Instituts der deutschen Wirtschaft.

Köln, im Februar 1987   Gerhard Fels

Lothar Roos

Einführung

Es mag erstaunlich erscheinen, aber es dürfte wahr sein: Das Symposion „Kirche und Wirtschaft in der Verantwortung für die Zukunft der Weltwirtschaft", an dem sich vom 21. bis 24. November 1985 in den Räumen der Päpstlichen Universität Urbaniana in der Vatikanstadt fast vierhundert Repräsentanten von Kirche, Wirtschaft, Wissenschaft und Politik aus fast vierzig Nationen versammelt hatten, kann als ein in der bisherigen Geschichte der Begegnung dieser Partner einmaliges Ereignis bezeichnet werden.

Die wichtigsten Einzelfragen

Kann bei einem solchen „Mammutkongreß" (so titulierte ihn die Herder-Korrespondenz), auf dem in sechs Sprachen geredet und simultan übersetzt wurde, überhaupt etwas „herauskommen"?

Zunächst war wichtig, daß man aufeinander hörte und miteinander redete. Dies geschah in auffallend toleranter und wohlwollender Weise, ohne sachliche Gegensätze unter den Teppich zu kehren. Polemiken waren äußerst selten. Sicher halfen dazu die geistliche Atmosphäre des Tagungsortes, die ständige Anwesenheit und Beteiligung von Bischöfen und anderen Kirchenvertretern in den Beratungsgremien, die gemeinsamen Gottesdienste, die Begegnung mit dem Papst.

Aber es wurde auch hart gestritten, vor allem über das Protektionismusproblem, über die Verschuldungssituation vieler Länder der Dritten Welt, über den richtigen Weg der Entwicklung, über die Aufgaben der Kirche dabei. Es kam allerdings selten zu der häufig bei der Diskussion dieser Themen zu beobachtenden Konfrontation Industrieländer – Entwicklungsländer. Man diskutierte differenziert. Natürlich wurde auch der Agrar-Protektionismus der EG kritisiert. Deren Vertreter wußten sich zu wehren durch Hinweise auf die langfristig positiven Wirkungen der Lomé-Abkommen und der steigenden Agrarimporte aus der Dritten Welt in den Raum der EG.

Der ehemalige österreichische Finanzminister Wolfgang Schmitz zeichnete die Ursachen der Überschuldung der Dritten Welt nach, nicht ohne auf den „Leichtsinn" von Regierungen und Banken hinzuweisen, mit denen man in Zeiten der Überliquidität mit dem Kreditgeschäft umgegangen sei. Professor Donges vom Institut für Weltwirtschaft Kiel suchte den steilen Pfad zur Überwindung des Verschuldungsproblems zu markieren: Er forderte monetäre Disziplin, Verbesserung der Exportchancen für die Länder der Dritten Welt im Handel zwischen diesen und den Industrieländern sowie positivere Bedingungen für ausländische Direktinvestitionen in Entwicklungsländern.

Professor Balassa von der Weltbank schlug eine neue Runde multilateraler Handelsvereinbarungen vor mit den Zielen: keine Ausweitung des Protektionismus, Abbau von Einfuhrbeschränkungen in den Bereichen Landwirtschaft, Textil und Bekleidung sowie Stahl, Sicherungsmaßnahmen bei einer plötzlichen starken Veränderung der Terms of Trade zu Lasten einzelner Länder. Vor allem forderte er auch eine Liberalisierung der Einfuhrpolitik in den Schwellenländern, was von dem Wirtschaftswissenschaftler José L. Aleman von der katholischen Universität Santiago de los Caballeros (Dominikanische Republik) nachhaltig unterstützt wurde. Letzterer sprach allerdings nicht nur von der „Seuche" des Protektionismus, sondern auch von der hochgradigen Ungleichheit der wirtschaftlichen Startbedingungen sowohl innerhalb vieler lateinamerikanischer Länder als auch zwischen diesen und den Industrienationen.

Als äußerst interessant und hilfreich erwies sich auf diesem wirtschaftspolitischen Hintergrund das Referat von Kardinal Joseph Höffner, der – wie wohl kein anderer der anwesenden Bischöfe – die hier diskutierten Sachfragen sowohl als Ethiker wie als Doktor der Volkswirtschaftslehre anzugehen vermochte. Unter dem Titel „Die Weltwirtschaft im Lichte der katholischen Soziallehre" ging er vom Grundsatz des „solidarischen Verbundenseins" aller Menschen und Völker bei der Nutzung der Ressourcen dieser Erde aus. Er verwies auf die weltwirtschaftliche Verbundenheit „als Band der Einheit unter den Völkern" und betonte die Freiheit als Grundwert im Dienst an der weltwirtschaftlichen Kommunikation. Er appellierte an das Gewissen und die politische Klugheit der wohlhabenden Staaten, diesen Prinzipien entsprechend zu handeln. Bei der Analyse der Ursachen der „Verelendung" in vielen Ländern der Dritten Welt befaßte er sich einerseits eingehend mit den hausgemachten Versäumnissen und Mißständen und kritisierte andererseits die unzureichende Entwicklungshilfe der „reichen Länder". Eindeutig war seine wirtschaftspolitische Grundaussage: „Die Kette des Elends kann nur zerrissen werden, wenn sowohl durch politische Entscheidungen als auch durch weltwirtschaftliche Solidarität großzügig geholfen wird. Die wirtschaftlichen Maßnahmen müssen marktwirtschaftlich ausgerichtet sein. Dirigistische Eingriffe sind schon deshalb zum Scheitern verurteilt, weil die Staaten der Dritten Welt sehr empfindlich auf ihre Souveränität pochen." Im einzelnen forderte Höffner die Ausweitung des Handels mit den Ländern der Dritten Welt, den Abbau des Protektionismus, die Unterstützung der Entwicklungsländer bei der Schaffung von Arbeitsplätzen, die Vermehrung der landwirtschaftlichen Anbaufläche verbunden mit Reformen zur grundlegenden Verbesserung der agrarischen Produktion und der Absatzmöglichkeiten, die Ausweitung der Entwicklungshilfe, die drastische Senkung der Rüstungsausgaben und den Verzicht auf entwicklungspolitische Prestige- und Großprojekte zugunsten einer organischen Entfaltung der Infrastruktur.

Die Grundfrage des Kongresses

Der römische Kongreß stellte wohl alle in der Weltwirtschaftspolitik heute umstrittenen Einzelfragen zur Debatte. Er hatte aber auch eine durchgehende Grundfrage zum Gegenstand, sozusagen ein „Formalobjekt", in dessen Licht alle materialen Inhalte diskutiert wurden: die Frankfurter Allgemeine Zeitung hat diese Grundfrage in die Schlagzeile „Wirtschaftsgesetze und die Moral" gegossen und unter dieser Überschrift mit den Referaten von Kardinal Joseph Ratzinger und Arbeitgeberpräsident Otto Esser „Zwei Äußerungen zu dem Spannungsfeld zwischen Markt und Kirche" kurz nach dem Kongreß einer breiten Öffentlichkeit zugänglich gemacht (Ausgabe 284 vom 7. Dezember 1985). Die Neue Zürcher Zeitung warf in zwei aufeinanderfolgenden Ausgaben (1./2. und 6. Dezember 1985) „Schlaglichter auf ein Symposion in Rom"; der Autor ging dabei äußerst differenziert vor allem auf die wirtschaftsethischen Referate der Kardinäle Casaroli, Höffner und Ratzinger ein und analysierte insbesondere die darin angesprochenen sozialphilosophischen und wirtschaftspolitischen Konvergenzen und Divergenzen zwischen der katholischen Soziallehre und der Theorie und Praxis der (Sozialen) Marktwirtschaft.

Zu eben diesem Verhältnis äußerten sich – in einigem Abstand zum Kongreß – zwei prominente Professoren, wobei sie sich insbesondere mit dem Referat von Kardinal Ratzinger auseinandersetzten: Mit der Frage „Will die Kirche jetzt Adam Smith überbieten?" verteidigte Helmut Schoeck (Welt am Sonntag, Ausgabe vom 15. Dezember 1985) Adam Smith gegen den Vorwurf, bei ihm „stünde der schrankenlose Egoismus kritiklos im Mittelpunkt". Nach Schoeck führt es „aufs Glatteis", wenn Ratzinger meint, „man muß im Wettstreit mit dem Marxismus um Ethik in der Marktwirtschaft bemüht sein". Die Theorie von Adam Smith bedürfe einer solchen Zutat nicht, denn – so kann man die Ausführungen von Helmut Schoeck in diesem Punkt zusammenfassen – sie trage genügend eingebaute Ethik mit sich. „Was besser werden soll, wenn jetzt Kirchenmänner und Politiker erneut gemeinsam wegen der Kluft zwischen dem Westen und der Dritten Welt auf die Suche nach einer Wirtschaft jenseits von Smith und Marx gehen, ist unerfindlich. Die Kirche sollte überdies vorsichtig sein, wenn sie nun auch noch als Instanz auf dem Gebiet der Wirtschaftspolitik profilieren möchte." Der Beitrag schließt mit einem nochmaligen Hinweis auf die wirtschaftsethische Weisheit von Adam Smith und folgerichtig mit der Frage: „Mit welcher neuen Wirtschaftsethik will die Kirche das überbieten?"

Aus einem ähnlichen Anliegen heraus kommt der Wirtschaftswissenschaftler Joachim Starbatty in seinen „Anmerkungen zu Kardinal Ratzingers Thesen über ‚Kirche und Wirtschaft'" zu der zugespitzten Frage: „Ist die marktwirtschaftliche Ordnung gut oder ist sie es nicht?" (Rheinischer Merkur, Ausgabe vom 4. Januar 1986: „Der Mensch zwischen Markt und Ethik"). Starbatty fühlte sich vor allem durch eine Feststellung von Klaus Weigelt herausgefordert, der im selben Organ (Rheinischer Merkur vom 30. November 1985) zuvor zu der Feststellung Ratzingers, die Marktwirtschaft sei „in ihrem eigentlichen Kern deterministisch", bemerkt hatte: „Diese Kritik trifft den Kern marktwirtschaftlichen Denkens und blieb ein Stachel im Fleisch der Wirtschaftler während des ganzen Symposions." Diese Feststellung – so Starbatty – „verlangt eine grundsätzliche Antwort". Worum geht es?

Ratzinger hatte von zwei „erstaunlichen Voraussetzungen" der Theorie von Adam Smith gesprochen und diese „deterministisch" genannt: zum einen, daß das freie Spiel der Kräfte immer nur in „einer" Richtung wirken könne, nämlich „im Sinn wirtschaftlicher Effektivität und wirtschaftlichen Fortschritts"; zum anderen, „daß die Naturgesetze des Marktes ihrem Wesen nach gut sind und, wie immer es um die Moralität der einzelnen Menschen bestellt sein mag, notwendig zum Guten wirken". In diesem Determinismus sieht Ratzinger eine gewisse geistige Verwandtschaft mit dem totalen Determinismus des Marxismus. Genau in dieser Parallele sieht Starbatty „eine auf den ersten Blick erstaunliche Schlußfolgerung". Er verweist vor allem auf den Adam Smith der „Theory of Moral Sentiments" und sucht nachzuweisen, daß Smith und Marx auf völlig unterschiedlichem philosophischen Boden stehen. Im „klassischen Liberalismus" finde sich – im Unterschied zum Marxismus – „nicht die Spur der Vorstellung eines goldenen und immerwährenden Zeitalters". Die Vordenker der marktwirtschaftlichen Ordnung hätten gewußt, „daß der Markt keineswegs alles allein richten werde. Es blieb für den Staat genug an dem zu tun, was wir heute die Kollektivbedürfnisse nennen". Ob Starbatty diese Aussage allerdings auch schon auf Adam Smith bezieht, wird nicht ganz klar. Eher scheint er damit auf die „Väter" der „Sozialen Marktwirtschaft" zu verweisen, denn am Ende seines Beitrags stellt er fest, daß Röpke und Müller-Armack „ihre Analysen und Konzepte zur Ordnung von Wirtschaft und Gesellschaft im Bewußtsein ihrer christlichen Verantwortung geschrieben" hätten.

Ratzinger hatte zum Schluß seines Referates eine neue „Berührung" von Sachwissenschaft und Ethik gefordert und festgestellt: „Eine Moral, die dabei die Sachkenntnis der Wirtschaftsgesetze überspringen zu können meint, ist nicht Moral, sondern Moralismus, also das Gegenteil von Moral. Eine Sachlichkeit, die ohne das Ethos auszukommen meint, ist Verkennung der

Wirklichkeit des Menschen und damit Unsachlichkeit. Wir brauchen heute ein Höchstmaß an wirtschaftlichem Sachverstand, aber auch ein Höchstmaß an Ethos, damit der wirtschaftliche Sachverstand in den Dienst der richtigen Ziele tritt und seine Erkenntnis politisch vollziehbar und sozial tragbar wird." Für einen solchen „Dialog" – so Starbatty – sei es „wichtig zu wissen, wie Ratzinger sich seine Symbiose vorgestellt hat und welche konzeptionellen Folgerungen daraus erwachsen können". Insbesondere im Hinblick auf den von Alfred Müller-Armack ausgeprägten Entwurf einer Sozialen Marktwirtschaft fragt Starbatty: „Ist gemeint, daß wir uns stärker an diesen Ordnungsentwurf in politischer und unternehmerischer Praxis orientieren sollten? Oder ist gemeint, daß wir einen ordnungspolitischen Neubeginn wagen sollten?"

Marktwirtschaft und Moral

Es ist hier nicht möglich, die in den eben dargestellten Diskussionsbeiträgen aufgeworfenen Fragen zu beantworten. Sie treffen den Nerv des Beziehungsverhältnisses von Markt und Moral und damit – auf der Ebene der Theorie – von „Sozialer Marktwirtschaft" und „katholischer Soziallehre". Das Verhältnis dieser beiden Theorien war nie spannungsfrei. Kürzlich hat Anton Rauscher einen Beitrag vorgelegt, in dem die hier zu diskutierenden Fragen historisch und systematisch aufgearbeitet werden[1]. Es dürfte für die weitere Diskussion hilfreich sein, die in Rom dazu gehaltenen Ansprachen des Papstes und der genannten Kardinäle genau zu lesen und richtig zu interpretieren. Im folgenden sollen thesenhafte Interpretationshilfen angeboten werden, die beitragen sollen, Mißverständnisse zu vermeiden und den Kern der Probleme aufzuhellen:

☐ Die katholische Soziallehre lehnt ohne Kompromisse das „Zentralverwaltungssystem" (Ratzinger) wegen seiner deterministischen und utopistischen philosophischen Voraussetzungen als mit der Personenwürde unvereinbar ab.

☐ Sofern und soweit der klassische Wirtschaftsliberalismus (mit oder ohne Adam Smith) den Markt als einen sozialen „Mechanismus" versteht, durch den die Wirtschaftssubjekte allein durch die Verfolgung ihrer jeweils eigenen Interessen das wirtschaftliche Wohl aller automatisch besorgen, verbirgt sich hinter dieser Vorstellung ein deterministischer Aberglaube. Deswegen bediente sich ja Adam Smith zur Rechtfertigung dieses „Glaubens" der theologischen (und nicht ökonomischen) Vorstellung einer „prästabilierten Harmonie" der Interessen, die ein deistisch verstandener Welt-Uhrmacher-Gott (The Invisible Hand) als unbewußte „List der Vernunft" in das bewußte menschliche Denken und Handeln eingebaut habe. Diesen „Glauben" und nichts anderes hat Ratzinger mit der gesamten Tradition der katholischen Soziallehre seit Ketteler kritisiert.

☐ Sofern und soweit eine Wirtschaftsordnungspolitik darauf basiert, daß jeder einzelne, und nicht irgendeine übergeordnete Verwaltungsinstanz, am besten weiß und besorgt, was ihm wirtschaftlich nützt, steht sie in voller Übereinstimmung mit der katholischen Soziallehre. Genau auf dem Boden dieser realistischen Anthropologie verteidigt schon Thomas von Aquin das Recht auf Privateigentum an Produktionsmitteln gegen die Vorstellung einer kollektivistischen Produktionsordnung. Insofern wirkt das Prinzip Markt „im Sinne wirtschaftlicher Effektivität und wirtschaftlichen Fortschritts" (Ratzinger). Innerhalb dieser Grenze ist der Markt insofern eine moralische Institution, als er das gute Ziel einer optimalen Güterversorgung mit Hilfe des zumindest nicht schlechten Mittels des Wettbewerbs erreicht.

☐ Die Aussage über den prinzipiellen sittlichen Wert des Prinzips Markt – ein Dienstwert für eine optimale Güterversorgung unter Wahrung der menschlichen Freiheit – ist aber an ganz bestimmte Voraussetzungen und Grenzen gebunden. Sie ist – mit den Worten Ratzingers – „nicht unbegrenzt ausdehnbar". Genau diese Einsicht unterscheidet die Theorie der Sozialen Marktwirtschaft von ihren früh- und spätliberalen Verwandten. Zu den Voraussetzungen einer Sozialen Marktwirtschaft gehört zumindest die einigermaßen gleiche Stärke der Konkurrenten. Chancengleichheit und die Verhinderung von (immer drohender) monopolistischer Machtkonzentration entsteht aber nicht von selbst. Dazu bedarf es einer staatlichen Rahmenordnungspolitik. Deswegen ist die Soziale Marktwirtschaft nach dem bekannten Wort eines ihrer Theoretiker kein Naturprodukt, sondern eine empfindliche „Kulturpflanze".

Die Grenzen jeder Marktwirtschaft ergeben sich schlicht daraus, daß nur ein Teil der volkswirtschaftlich nachgefragten oder nützlichen Güter über den Markt verfügbar gemacht werden kann. Starbatty sagt dazu, kurz und bündig, es bleibe „für den Staat genug an dem zu tun, was wir heute die Kollektivbedürfnisse nennen". Zu diesen „Kollektivbedürfnissen", die nur teilweise zu „vermarkten" sind, gehören – neben der Versorgung der Marktschwachen und Marktpassiven – die Umweltverträglichkeit der Produktion und ein bestimmtes, vom Weltgemeinwohl her gefordertes Maß an Entwicklungshilfe.

☐ Akzeptiert man die bisherigen Darlegungen, dann fällt die notwendige Verbindung von Markt und Moral wie eine reife Frucht vom Baum der Erkenntnis. Denn sowohl die anthropologische Analyse des Marktes als Sozialveranstaltung wie die Feststellung und Festlegung seiner Voraussetzungen und Grenzen basieren auf Wertentscheidungen. Die Neue Zürcher Zeitung (Ausgabe vom 1./2. Dezember 1985) scheint zunächst der Aussage Kardinal Höffners zuzustimmen: „Die katholische Soziallehre hält – auch im Interesse der Weltwirtschaft – die Marktwirtschaft für die richtige Grundform der Wirtschaftsordnung. Sie ist jedoch davon überzeugt, daß ihr ein humanes Leitbild gegeben werden muß. Die Weltwirtschaft ist kein Automat, sondern ein vom geordneten und ordnenden Willen des Menschen zu gestaltender Kulturprozeß." Sie hebt diese Zustimmung dann allerdings teilweise wieder mit der Frage auf, „wer denn nun eigentlich den subjektiven Raum, den eine grundsätzlich liberale Wirtschaftsordnung für den einzelnen ausspart, mit ethischen Normen auszufüllen hat. Die liberale Antwort auf diese Frage ist eindeutig: Weil es nicht eine Ethik gibt, sondern eben eine Vielzahl von Normensystemen, bleibt als Selektionsmechanismus, wenn von einem obrigkeitlichen Wertediktat, von einem Zwangskonsum abgesehen werden soll, nur der Wettbewerb übrig."

Für die Theorie (und Praxis) der „Sozialen Marktwirtschaft" ist es aber geradezu konstitutiv, daß es über die Voraussetzungen und Grenzen des Prinzips Markt einen von der Gesellschaft sanktionierten Grundwertkonsens gibt. So wenig ein der Menschenwürde verpflichteter demokratischer Verfassungsstaat ohne eine institutionell verankerte und alle verpflichtende Grundwerteinigung auskommt, so wenig ist dies bei einer wirklich sozialen Marktwirtschaft möglich. Der Hinweis auf einen ethischen Pluralismus hilft hier nichts. Dies hat der Adam Smith der „Moral Sentiments" noch gewußt, wenn auch hinsichtlich der institutionellen Konsequenzen seiner Wirtschaftsphilosophie zu wenig bedacht. Genau in diese Wunde der unhaltbaren „neuzeitlichen Trennung von Subjekt- und Objektwelt" hat Ratzinger seinen Finger gelegt und daraus die Konsequenz gezogen: „Daß die Ausbildung wirtschaftlicher Systeme und ihre Rückbindung an das Gemeinwohl von einer bestimmten ethischen Disziplin abhängt, die ihrerseits nur durch religiöse Kräfte hervorgebracht und gehalten werden kann, ist eine immer deutlicher werdende wirtschaftsgeschichtliche Tatsache. Daß umgekehrt der Verfall solcher Disziplin auch die Marktgesetze zum Zusammensturz bringt, wird inzwischen ebenfalls offenkundig. Eine Wirtschaftspolitik, die nicht nur dem Gruppenwohl, ja, nicht nur dem Gemeinwohl eines ganz bestimmten Staates, sondern dem Gemeinwohl der Menschheitsfamilie zugeordnet ist, verlangt ein Höchstmaß an ethischer Disziplin und damit ein Höchstmaß an religiöser Kraft."

Perspektiven und offene Fragen

Wenn der römische Kongreß „Kirche und Wirtschaft in der Verantwortung für die Zukunft der Weltwirtschaft" nichts erbracht hätte als die Einsicht in Sinn und Notwendigkeit eines vertieften Gesprächs zwischen „Ökonomie und Ethik", dann hätte er sein wichtigstes Ziel erreicht. Wenn es gelänge, die eben nur angedeuteten Fragen zum Verhältnis katholische Soziallehre und Soziale Marktwirtschaft vertieft weiter zu diskutieren, von beiderseitigen Mißverständnissen zu reinigen und zu einem tragbaren Konsens im Grundsätzlichen zu finden, dann könnte dies gerade im Hinblick auf die gemeinsame weltwirtschaftliche Verantwortung von Kirche und (deutscher) Wirtschaft von erheblichem Gewicht sein.

Man sollte sich bei diesem Bemühen auch nicht durch einige publizistische Mißklänge stören lassen, die den Kongreß begleiteten. Die eingehenden Berichte und differenzierten Kommentare der überregionalen Presse und das dadurch ausgelöste Echo waren eine der Grundlagen dieses Beitrags. Ist es Zufall oder bezeichnend, daß die beiden am meisten destruktiv-unsachlichen Kommentierungen des Symposions von Kirchenfunkredakteuren öffentlich-rechtlich verfaßter Rundfunkanstalten kamen? Jürgen Hoeren vom Südwestfunk konnte bereits fünf Tage vor Beginn des Kongresses urteilen: „Selten hat es eine solch demonstrative, ja peinliche Umarmung zwischen katholischer Kirche und Wirtschaft gegeben" (Südwestfunk 1, Aus der christlichen Welt, Sendung am 17. November 1985, 9.20 Uhr). In ähnlich polemischer Weise glossierte Peter Hertel, Redakteur beim Norddeutschen Rundfunk, das Symposion. Ohne auf irgendeine Sachfrage auch nur mit einem einzigen Wort einzugehen, suggerierte er (hier zitiert aus seinem Artikel im Deutschen Allgemeinen Sonntagsblatt vom 1. Dezember 1985) ein Komplott des Kapitals mit konservativen Kirchenkreisen gegen die Befreiungstheologie in der Dritten Welt.

Daß ein so einmaliger und sicher äußerst gewagter Kongreß nicht in jeder Hinsicht befriedigend verlaufen und somit auch in Details kritisiert werden kann, wird niemand anzweifeln. Wie wenig allerdings die eben erwähnte Kritik mit Tatsachen zu tun hat, wird jedem deutlich, der die in Rom gehaltenen Referate gelesen und die Diskussionen miterlebt hat. Nicht nur das hohe Niveau vieler Vorträge und Diskussionsbeiträge, auch und gerade die erlebte geistliche Atmosphäre etwa beim gemeinsamen Gottesdienst in der Peterskirche, die Gastfreundschaft der päpstlichen Universität Urbaniana, der Konrad-Adenauer-Stiftung und des Botschafters der Bundesrepublik Deutschland beim Heiligen Stuhl bleiben wohl allen Teilnehmern unvergessen. Die Fruchtbarkeit des Symposions wird nicht zuletzt von der Weiterführung der Grundsatzdiskussion und der vielfältigen persönlichen Verbindungen abhängen, die am Rande des Kongresses weltweit geknüpft wurden.

Anmerkung

[1] Anton Rauscher, Katholische Soziallehre und liberale Wirtschaftsauffassung. In: Anton Rauscher (Hg.), Selbstinteresse und Gemeinwohl. Beiträge zur Ordnung der Wirtschaftsgesellschaft. Berlin 1985. Eine Besprechung dieses Bandes mit einem Hinweis auf den bemerkenswerten Beitrag von Professor Rauscher findet sich in: ORIENTIERUNGEN, Heft 27, Seite 49.

I. Die Position der Kirche

Ansprache von Papst Johannes Paul II. im Vatikan

Mit besonderer Freude begrüße ich hier im Vatikan die Teilnehmer des Kongresses „Kirche und Wirtschaft in der Verantwortung für die Zukunft der Weltwirtschaft".

Sie beraten in diesen Tagen ein Thema, das die Völker der Welt und auch den Heiligen Stuhl zutiefst beschäftigt: die brennende Frage nämlich, was in gemeinsamer Verantwortung getan werden muß, um zu verwirklichen, was mein Vorgänger Paul VI. „Populorum progressio", die Entwicklung der Völker, genannt hat.

Ich konnte in diesen Tagen die Generalversammlung der Welternährungsorganisation der Vereinten Nationen im Vatikan empfangen. Sie wurde aus Anlaß des 40. Gründungsjahres einberufen, gleichzeitig aber auch, um im Anblick der wachsenden Not der Entwicklungsländer neue Initiativen zu planen. Aus den Berichten dieser Organisation der Vereinten Nationen ergibt sich ein erschütterndes Bild: Die wirtschaftliche Rezession der Industrieländer hat sich auf viele Entwicklungsländer verheerend ausgewirkt. Die Verschuldung vieler von ihnen hat derart zugenommen, daß ihnen ein finanzieller Zusammenbruch droht. In einer Reihe von Entwicklungsländern hat dies im Zusammenhang mit Naturkatastrophen und weiteren Faktoren zu einem Niedergang der Landwirtschaft geführt, so daß Elend und Hunger entsetzliche Ausmaße angenommen haben. Hier steht die ganze Menschheit vor einer Herausforderung, die mein Vorgänger in die Worte gefaßt hat: „Es eilt! Zu viele Menschen sind in Not, und es wächst der Abstand, der den Fortschritt der einen von der Stagnation, besser gesagt, dem Rückschritt der anderen trennt" (Populorum progressio, 29).

Aus dem Programm Ihres Kongresses ersehe ich, daß Sie, Vertreter der Industrieländer und Vertreter der Entwicklungsländer, sich gemeinsam bemühen, eine Antwort auf die drei Fragen zu finden, die im Mittelpunkt dieser Herausforderung stehen.

Die erste Frage lautet: *Was müssen die Industrieländer für die Entwicklung der Völker tun?* Es ist nicht die Aufgabe der Kirche, konkrete Lösungen hierfür vorzuschlagen. Dazu verfügt sie weder über die notwendigen Mittel noch über die nötige Kompetenz. Sie muß aber immer wieder deutlich darauf hinweisen, daß die hochentwickelten Länder die schwere Verpflichtung haben, den anderen Ländern in ihrem Ringen um die wirtschaftliche, soziale und kulturelle Entwicklung zu Hilfe zu kommen. Das II. Vatikanische Konzil fordert, daß dazu in den Industrieländern selber „geistige und materielle Anpassungen" vollzogen werden müssen, um diese Herausforderung zu bestehen (Gaudium et spes, 86). In dieser Hinsicht geschieht bereits vieles auf staatlicher wie auf privater Ebene. Das muß dankbar anerkannt werden. Aber noch zu viele Industriebereiche, bis hin zur Waffenproduktion, werden nach rein wirtschaftlichen Regeln und Werten geführt und scheinen die Zeichen der Zeit und ihre gesellschaftspolitische Weltverantwortung noch nicht erkannt zu haben.

Es ist zwar verständlich, daß die Industrieländer, die sich heute selber in wirtschaftlichen Schwierigkeiten befinden, zuerst auf die Lösung der eigenen Probleme achten. Aber die Gefahr eines kollektiven Egoismus, wie zum Beispiel bei der Versuchung zu neuen Schutzzöllen, muß deutlich gesehen werden. In den Industrieländern kann auch eine gewisse Resignation eintreten, weil ihre Hilfe gelegentlich mißbraucht wurde oder weil sie keinen raschen Erfolg oder sogar negative Effekte gebracht hat. Eine realistische Sicht läßt erkennen, daß Entwicklung von Völkern und Nationen ein langfristiger und mühsamer Prozeß ist.

Aber all das darf die Industrienationen in der Verantwortung für die Entwicklung der Völker nicht ermüden lassen. Wir gehen auf eine Zukunft zu, in der *die Welt immer mehr eins* wird und in der *alle von allen abhängen,* auch wirtschaftlich. Eine Reihe von Problemen, die heute die einzelnen Nationalwirtschaften belasten, werden, auf weite Sicht gesehen, nur im Kontext einer funktionierenden Weltwirtschaft gelöst werden. Für einen Christen und für jeden Menschen guten Willens geht es dabei niemals bloß um die Lösung rein wirtschaftlicher Marktprobleme, sondern letztlich immer um die *Verwirklichung von Gerechtigkeit und Mehr-Mensch-Sein für alle.*

Mit Recht haben Sie auf diesem Kongreß noch eine zweite Frage gestellt: *Was können und müssen die Entwicklungsländer selber für die Entwicklung der Völker tun?* Letztlich entscheidend ist ja die Selbsthilfe; sie kann durch keine Fremdhilfe ersetzt werden. Das wirtschaftliche Bemühen, konkret: die Steigerung der eigenen Produktivkräfte, hat hierbei gewiß eine besondere Bedeutung. Hand in Hand wird aber auch die *soziale Entwicklung* angestrebt werden müssen. Das II. Vatikanische Konzil weist ausdrücklich darauf hin, daß bei allem Respekt vor der sozialen Eigenart der einzelnen Völker doch vermieden werden muß, „bestimmte Gewohnheiten als starr und unveränderlich anzusehen, wenn sie neuen Bedürfnissen der Gegenwart nicht mehr genügen" (Gaudium et spes, 69). Eine zentrale Bedeutung in der Eigenverantwortung der Entwicklungsländer erhält die Aufgabe der *Bildung und Erziehung.* Sie ist eine der wichtigsten Voraussetzungen für das Gelingen des Werkes der Entwicklung. Solche Bildung und Erziehung hat zweifellos auch eine wirtschaftliche Dimension. Aber sie muß weit darüber hinausgehen. Sie muß letztlich aus einer geistigen Grundlage kommen und auf die Entfaltung des ganzen Menschen hinzielen.

Eines aber muß mit aller Deutlichkeit gesagt werden: Entwicklung der Völker kann nicht darin bestehen, daß die Entwicklungsländer einfach die wirtschaftlichen, sozialen und politischen Modelle der Industrienationen übernehmen. Die Zerstörung des kulturellen Reichtums dieser Länder würde nicht nur zu schweren inneren Störungen, sondern auch zu schwerwiegenden Konsequenzen für die wachsende Einheit der Völkergemeinschaft führen, die ja nicht aus einer nivellierten Einheitszivilisation, sondern aus der reichen Vielfalt der Kulturen der Menschheit leben möchte.

Sie behandeln in Ihrem Kongreß schließlich noch eine dritte Frage: *Welche geistigen Voraussetzungen müssen vorhanden sein, um die Entwicklung mit jener Entschiedenheit voranzubringen, wie es die Not erfordert?* Diese Voraussetzungen betreffen sowohl die Industrieländer als auch die Entwicklungsländer in gleicher Weise. Gewiß gibt es, wie das II. Vatikanische Konzil sagt, im Bereich der einzelnen Kultursachbereiche eine gewisse Eigengesetzlichkeit, die beachtet werden muß. Das gilt auch für den Bereich der Wirtschaft und ihre Entwicklung. Aber diese relative Eigengesetzlichkeit ist kein blinder, zwanghafter Mechanismus. Sie muß in einen *sittlichen Zusammenhang* gebracht werden und von dort ihre Ziele und letzten Motivationen erhalten.

Die Suche nach diesen Zielen und Motivationen gehört zu den größten, aber auch schwierigsten Aufgaben unserer Zeit. Sie sind dieser Frage nicht ausgewichen, auch wenn Sie auf diesem Kongreß nicht sofort eine erschöpfende Antwort finden. Hier liegt sicher auch der Grund, warum Sie das *Gespräch mit der Kirche* gesucht haben, die sich, wie Paul VI. sagt, als „Expertin der Menschlichkeit" versteht, und zwar der Menschlichkeit in ihrer tiefsten Wurzel: nämlich in der *Frage des Sinnes und des Zieles.* Es ist die bewußte Aufgabe der Kirche, ihren Beitrag für die Formung jenes Menschen zu leisten, der aus einer geistigen Mitte lebt und sich aus dieser Mitte für die Mitarbeit an der Lösung der großen Menschheitsaufgaben verantwortlich weiß und der sich nicht enttäuschen und verbittern läßt, weil er immer aus der Hoffnung lebt. Um diese Aufgabe zu verwirklichen, braucht die Kirche den Dialog mit dieser Welt, vor allem mit den verantwortlichen Trägern in Wirtschaft, Gesellschaft, Politik und Kultur. Ihr Kongreß ist ein wertvoller Beitrag zu diesem ständigen Dialog. Darum begleite ich Ihre Arbeit mit meinem besonderen Interesse und meinem Segen.

Joseph Cardinal Ratzinger

Einführung zum Symposion „Kirche und Wirtschaft in der Verantwortung für die Zukunft der Weltwirtschaft"

Herzlich begrüße ich – auch im Namen der beiden anderen Protektoren, Kardinal Höffner und Kardinal Etchegaray – alle hier zum Symposion über Kirche und Wirtschaft Versammelten. Ich freue mich, daß durch das Zusammenwirken des Päpstlichen Laienrates, der Internationalen Vereinigung Katholischer Universitäten, des Instituts der deutschen Wirtschaft und der Konrad-Adenauer-Stiftung ein weltweit gespanntes Gespräch möglich geworden ist über eine Frage, die uns alle bewegt. Denn die wirtschaftliche Ungleichheit zwischen dem Norden und dem Süden der Erdkugel wird immer mehr zu einer inneren Bedrohung für den Zusammenhalt der Menschheitsfamilie. Davon könnte auf die Dauer keine geringere Gefährdung für den Fortgang unserer Geschichte ausgehen als von den Waffenarsenalen, mit denen Ost und West gegeneinanderstehen. So müssen neue Anstrengungen unternommen werden, diese Spannung zu überwinden, denn alle bisherigen Methoden haben sich dafür als nicht ausreichend erwiesen; das Elend in der Welt ist im Gegenteil in den letzten dreißig Jahren in einem wahrhaft erschütternden Maß weiter angewachsen. Um wirklich vorwärtsführende Lösungen zu finden, werden neue wirtschaftliche Ideen vonnöten sein, die aber ihrerseits ohne neue sittliche Impulse nicht denkbar sind und vor allem nicht verwirklichungsfähig erscheinen. An dieser Stelle ergibt sich die Möglichkeit und die Notwendigkeit eines Gespräches zwischen Kirche und Wirtschaft.

Lassen Sie mich versuchen, den genauen Fragepunkt, um den es in den folgenden Tagen gehen wird, noch etwas näher zu verdeutlichen. Denn auf den ersten Blick ist – gerade von einer klassischen Wirtschaftstheorie her – nicht zu sehen, was eigentlich Kirche und Wirtschaft miteinander zu tun haben sollen, wenn man einmal beiseite läßt, daß auch die Kirche Träger wirtschaftlicher Unternehmungen und insofern ein Marktfaktor ist. Aber hier soll sie ja nicht in dieser Eigenschaft, als Wirtschaftselement, ins Gespräch treten, sondern in ihrem Eigenen, als Kirche. Hier aber stehen wir vor dem Einwand, daß gerade auch nach dem Zweiten Vatikanum zuallererst einmal die Autonomie der Sachbereiche zu beachten ist, daß also Wirtschaft nach ihren eigenen Spielregeln und nicht nach von außen an sie herangetragenen moralischen Erwägungen zu verfahren habe. Dort gilt nach der von Adam Smith inaugurierten Tradition, daß Markt mit Ethik unverträglich sei, weil freiwillige „moralische" Handlungen den Marktregeln widersprächen und den moralisierenden Unternehmer einfach aus dem Markt werfen würden.[1] So galt lange Zeit Wirtschaftsethik als hölzernes Eisen, weil es nun einmal in der Wirtschaft um Effektivität und nicht um Moralität gehe.[2] Die innere Logik des Marktes solle uns gerade von der Notwendigkeit befreien, auf die mehr oder minder große Moralität der einzelnen Wirtschaftsträger bauen zu müssen: Das richtige Spiel der Marktregeln garantiere am besten Fortschritt und auch Verteilungsgerechtigkeit.

Die großen Erfolge dieser Theorie konnten lange Zeit ihre Grenzen übersehen lassen. In einer veränderten Lage werden ihre stillen philosophischen Voraussetzungen und damit ihre Probleme deutlicher. Obwohl diese Auffassung auf die Freiheit der einzelnen Wirtschaftsträger abstellt und insofern liberalistisch genannt werden kann, ist sie in ihrem eigentlichen Kern deterministisch. Sie setzt voraus, daß das freie Spiel der Kräfte des Marktes, so wie die Menschen und die Welt beschaffen sind, nur in *einer* Richtung wirken kann, nämlich im Sinn der

Selbstregelung von Angebot und Nachfrage, im Sinn wirtschaftlicher Effektivität und wirtschaftlichen Fortschritts. In diesem Determinismus, in dem der Mensch mit seiner scheinbaren Freiheit in Wirklichkeit ganz unter den notwendigen Gesetzen des Marktes agiert, ist aber noch eine andere und vielleicht noch erstaunlichere Voraussetzung miteingeschlossen, nämlich daß die Naturgesetze des Marktes (wenn ich mich so ausdrücken darf) ihrem Wesen nach gut sind und, wie immer es um die Moralität der einzelnen Menschen bestellt sein mag, notwendig zum Guten wirken. Beide Voraussetzungen sind nicht gänzlich falsch, wie die Erfolge der Marktwirtschaft zeigen, aber beide sind auch nicht unbegrenzt ausdehnbar, nicht unbegrenzt richtig, wie die Probleme der Weltwirtschaft von heute sichtbar machen. Ohne das Problem hier im einzelnen zu entfalten – was nicht meine Aufgabe ist –, möchte ich lediglich einen Satz von Peter Koslowski unterstreichen, der den Punkt aufzeigt, auf den es ankommt: „Die Wirtschaft wird nicht nur von ökonomischen Gesetzen regiert, sondern durch Menschen bestimmt..."[3] Auch wenn Marktwirtschaft auf der Einordnung des einzelnen in ein bestimmtes Regelgeflecht beruht, so kann sie den Menschen nicht überflüssig machen, seine sittliche Freiheit nicht aus dem wirtschaftlichen Geschehen ausscheiden. Heute wird immer deutlicher, daß die Entwicklung der Weltwirtschaft auch mit der Entwicklung der Weltgemeinschaft, der weltweiten Familie der Menschheit zu tun hat und daß für die Entwicklung der Weltgemeinschaft die Entwicklung der seelischen Kräfte der Menschheit von wesentlicher Bedeutung ist. Auch die seelischen Kräfte sind ein Wirtschaftsfaktor: Die Marktregeln funktionieren nur dann, wenn ein moralischer Grundkonsens besteht und sie trägt.

Wenn ich bisher auf die Spannung zwischen einem rein liberalen Wirtschaftsmodell und einer ethischen Fragestellung hinzuweisen und damit einen ersten Fragenkreis zu umschreiben versucht habe, der wohl auf diesem Symposion eine Rolle spielen wird, so muß nun aber auch die entgegengesetzte Spannung angedeutet werden. Die Frage nach Markt und Moral ist heute längst kein bloß theoretisches Problem mehr. Da die innere Ungleichheit der einzelnen großen Wirtschaftsräume das Spiel des Marktes gefährdet, hat man seit den fünfziger Jahren versucht, durch Entwicklungsprojekte die wirtschaftliche Balance herzustellen. Es kann heute nicht mehr übersehen werden, daß der Versuch in der bisherigen Form gescheitert ist und die Ungleichheit sogar noch verschärft hat. Die Folge ist, daß weite Kreise in der Dritten Welt, die zunächst der Entwicklungshilfe mit großen Hoffnungen entgegengesehen hatten, nun den Grund ihres Elends in der Marktwirtschaft sehen, die sie als ein System der Ausbeutung, als strukturgewordene Sünde und Ungerechtigkeit betrachten. In dieser Perspektive erscheint dann die Zentralverwaltungswirtschaft als die moralische Alternative, der man sich mit einer geradezu religiösen Inbrunst zuwendet, ja, die förmlich zum Inhalt von Religion wird. Denn während die Marktwirtschaft auf die förderliche Wirkung des Egoismus und dessen automatische Begrenzung durch die konkurrierenden Egoismen setzt, scheint hier der Gedanke einer gerechten Lenkung zu dominieren, in der das Ziel das gleiche Recht für alle und die gleichmäßige Aufteilung der Güter unter allen ist.

Gewiß ermutigen die bisherigen Beispiele nicht, aber die Hoffnung, daß man das moralische Konzept doch auch zum Erfolg führen könne, ist damit nicht zu widerlegen: Wenn das Ganze, so denkt man, auf einem stärkeren moralischen Fundament versucht würde, so müßte es gelingen, Moral und Effektivität in einer Gesellschaft zu versöhnen, die nicht auf das Maximum an Gewinn, sondern auf Selbstbeschränkung und gemeinsames Dienen ausgerichtet ist. So wird der Disput zwischen Wirtschaft und Ethik in diesem Bereich immer mehr zu einem Disput gegen die Marktwirtschaft und ihre geistigen Grundlagen und für die Zentralverwaltungswirtschaft, der man nun vollends ihr rechtes sittliches Fundament zu geben glaubt.

Der ganze Umfang der hier anstehenden Frage wird aber erst sichtbar, wenn wir nun auch den dritten Bereich wirtschaftlicher und theoretischer Erwägungen einbeziehen, die das Panorama der heutigen Situation kennzeichnen: die marxistische Welt. Von seiner wirtschaftstheoretischen und praktischen Struktur her ist das marxistische System als Zentralverwaltungswirtschaft der radikale Gegensatz zur Marktwirtschaft.[4] Das Heil wird davon erwartet, daß es keine private Verfügungsmacht über die Produktionsmittel gibt, daß Angebot und Nachfrage nicht durch den Wettbewerb auf dem Markt in Einklang gebracht werden, daß mithin für das private Gewinnstreben kein Raum ist, sondern alle Regelungen von einer zentralen wirtschaftlichen Verwaltung ausgehen. Aber trotz dieses radikalen Gegensatzes in den konkreten wirtschaftlichen Mechanismen gibt es auch Gemeinsamkeiten in den tieferen philosophischen Voraussetzungen.

Die erste besteht darin, daß auch der Marxismus ein Determinismus ist und daß umgekehrt auch er die vollkommene Befreiung als Frucht des Determinismus verheißt. Deswegen ist es von den Grundlagen her ein Irrtum anzunehmen, das Zentralverwaltungssystem sei ein moralisches System im Gegensatz zu dem mechanistischen System der Marktwirtschaft. Ganz deutlich sichtbar wird dies zum Beispiel daran, daß Lenin der These Sombarts zustimmte, es gebe im Marxismus kein Gran Ethik, sondern nur ökonomische Gesetzmäßigkeiten.[5] Ja, der Determinismus ist hier weit radikaler und grundsätzlicher als im Liberalismus: Dieser anerkennt immerhin den Bereich des Subjektiven und sieht ihn als den Raum des Ethischen an; hier sind dagegen Werden und Geschichte total auf Ökonomie reduziert und die Ausgrenzung eines eigenen Subjektbereichs erscheint als Widerstand gegen die allein geltenden Gesetze der Geschichte und so als fortschrittsfeindliche Reaktion, die nicht geduldet werden kann. Ethik reduziert sich auf Geschichtsphilosophie und Geschichtsphilosophie verfällt zu Parteistrategie.

Aber kommen wir noch einmal auf die Gemeinsamkeiten in den philosophischen Grundlagen von Marxismus und streng genommenem Kapitalismus zurück. Die zweite Gemeinsamkeit besteht – wie andeutungsweise schon sichtbar wurde – darin, daß der Determinismus die Absage an die Ethik als selbständige und für die Wirtschaft relevante Größe einschließt. Im Marxismus zeigt sich dies besonders dramatisch darin, daß Religion auf Ökonomie zurückgeführt wird, Spiegelung eines bestimmten wirtschaftlichen Systems und damit zugleich Hindernis richtiger Erkenntnis, richtigen Handelns, Hindernis des Fortschritts ist, auf den die Naturgesetze der Geschichte abzielen. Auch hier ist vorausgesetzt, daß Geschichte, die in der Dialektik des Negativen und des Positiven verläuft, aus ihrem weiter nicht mehr begründbaren inneren Wesen heraus schließlich in der totalen Positivität enden muß. Daß in solcher Sicht die Kirche nichts Positives zur Weltwirtschaft beitragen kann, ist klar; sie spielt eine Rolle für die Wirtschaftsfrage nur als etwas, das überwunden werden muß. Daß sie dabei aber zeitweilig als Mittel ihrer eigenen Selbstzerstörung und so als Instrument der „positiven Kräfte der Geschichte" benutzt werden kann, ist eine Einsicht, die sich erst in jüngster Zeit ergeben hat; an der Grundthese ändert sie offenkundig nichts.

Im übrigen lebt das ganze System praktisch von der Apotheose der zentralen Verwaltung, in der der Weltgeist selbst am Werk sein müßte, wenn die These stimmen sollte. Daß dies ein Mythos im schlechtesten Sinn des Wortes ist, ist einfach eine empirische Feststellung, die sich fortwährend weiter verifiziert. So wird gerade die radikale Absage an einen konkreten Dialog zwischen Kirche und Wirtschaft, die diesem Denken zugrunde liegt, zur Bestätigung seiner Notwendigkeit.

Bei dem Versuch, die Konstellation eines Gesprächs zwischen Kirche und Wirtschaft zu beschreiben, bin ich noch auf einen vierten Aspekt gestoßen. Er wird ansichtig in dem bekannten

Wort, das Theodor Roosevelt 1912 geprägt hat: »Ich glaube, daß die Assimilation der lateinamerikanischen Länder an die Vereinigten Staaten lange und schwierig sein wird, solange diese Länder katholisch sein werden." Auf derselben Linie hat 1969 Rockefeller bei einem Vortrag in Rom empfohlen, die Katholiken dort durch andere Christen zu ersetzen[6] – eine Unternehmung, die bekanntlich voll im Gange ist. In beiden Aussprüchen ist offenbar Religion oder in diesem Fall eine christliche Konfession als ein sozialpolitischer und damit auch wirtschaftspolitischer Faktor vorausgesetzt, der grundlegend ist für die Art der Entfaltung politischer Strukturen und wirtschaftlicher Möglichkeiten. Das erinnert an Max Webers These von dem inneren Zusammenhang zwischen Kapitalismus und Calvinismus, zwischen der Gestaltung der wirtschaftlichen Ordnung und der bestimmenden religiösen Idee. Fast scheint hier die Vorstellung von Marx auf den Kopf gestellt: Nicht die Wirtschaft produziert religiöse Vorstellungen, sondern die religiöse Grundorientierung entscheidet darüber, welches wirtschaftliche System sich entwickeln kann. Die Vorstellung, daß nur der Protestantismus freie Wirtschaft hervorbringen könne, während der Katholizismus keine entsprechende Erziehung zur Freiheit und zu der ihr notwendigen Selbstdisziplin einschließe, sondern eher autoritäre Systeme begünstige, ist zweifellos auch heute noch sehr weit verbreitet, und vieles in der neueren Geschichte scheint für sie zu sprechen. Andererseits können wir heute das liberal-kapitalistische System selbst mit all den Korrekturen, die es inzwischen angenommen hat, nicht mehr so unbefangen als das Heil der Welt ansehen, wie dies noch in der Ära Kennedy mit ihrem Optimismus der Peace-Corps gewesen war: Die Fragen der Dritten Welt an dieses System mögen einseitig sein, unbegründet sind sie nicht.

So wäre hier wohl zunächst eine Selbstkritik der christlichen Konfessionen hinsichtlich ihrer politischen und ökonomischen Ethik gefragt, die aber nicht als ein rein innerkirchliches Gespräch vor sich gehen kann, sondern fruchtbar nur sein wird, wenn sie als Dialog mit denen geführt wird, die Christen sind und die die Wirtschaft tragen. Eine lange Tradition hat dazu geführt, daß sie vielfach ihr Christsein als ihren subjektiven Bereich ansehen, während sie als Wirtschafter den Gesetzen der Wirtschaft folgen; beide Bereiche erscheinen in der neuzeitlichen Trennung von Subjekt- und Objektwelt als unberührbar füreinander. Aber gerade auf ihre Berührung käme es an, in der beides unvermischt und ungetrennt zueinanderkommen müßte. Daß die Ausbildung wirtschaftlicher Systeme und ihre Rückbindung an das Gemeinwohl von einer bestimmten ethischen Disziplin abhängt, die ihrerseits nur durch religiöse Kräfte hervorgebracht und gehalten werden kann, ist eine immer deutlicher werdende wirtschaftsgeschichtliche Tatsache.[7] Daß umgekehrt der Verfall solcher Disziplin auch die Marktgesetze zum Zusammensturz bringt, wird inzwischen ebenfalls offenkundig. Eine Wirtschaftspolitik, die nicht nur dem Gruppenwohl, ja nicht nur dem Gemeinwohl eines bestimmten Staates, sondern dem Gemeinwohl der Menschheitsfamilie zugeordnet ist, verlangt ein Höchstmaß an ethischer Disziplin und damit ein Höchstmaß an religiöser Kraft. Eine politische Willensbildung, die die inneren Gesetze der Wirtschaft auf dieses Ziel hin nutzt, scheint heute trotz aller großen humanitären Beteuerungen fast unmöglich.

Durchsetzbar kann sie nur sein, wenn ganz neue ethische Kräfte dafür freigesetzt werden. Eine Moral, die dabei die Sachkenntnis der Wirtschaftsgesetze überspringen zu können meint, ist nicht Moral, sondern Moralismus, also das Gegenteil von Moral. Eine Sachlichkeit, die ohne das Ethos auszukommen meint, ist Verkennung der Wirklichkeit des Menschen und damit Unsachlichkeit. Wir brauchen heute ein Höchstmaß an wirtschaftlichem Sachverstand, aber auch ein Höchstmaß an Ethos, damit der wirtschaftliche Sachverstand in den Dienst der richtigen Ziele tritt und seine Erkenntnis politisch vollziehbar und sozial tragbar wird.

Mit alledem wollte und konnte ich keine Antworten geben auf die Fragen, die uns bewegen. Dazu fehlt mir der wirtschaftliche Sachverstand. Aber ich habe versucht, die Frage aufzuzeigen, die uns hier zusammengeführt hat. Sie ist von höchster Dringlichkeit. Schon daß wir zusammen sprechen, ist ein großer Erfolg. Hoffen wir, daß es gelingt, in dem notwendigen Zueinander von Ethik und Wirtschaft einen Schritt nach vorwärts zu tun, der zu mehr Erkenntnis und zu besserem Handeln und so letztlich zu mehr Frieden, zu mehr Freiheit und zu mehr Einheit der Menschheitsfamilie führt.

Anmerkungen

[1] Vgl. Peter Koslowski, Über Notwendigkeit und Möglichkeit einer Wirtschaftsethik, in: Scheidewege. Jahresschrift für skeptisches Denken 15 (1985/86), Seite 294 bis 305; hierzu Seite 301. Dieser grundlegenden Abhandlung verdanke ich wesentliche Anregungen für meine Darstellung.
[2] Ebenda, Seite 294.
[3] Ebenda, Seite 304; vgl. Seite 301.
[4] Vgl. Josef Cardinal Höffner, Wirtschaftsordnung und Wirtschaftsethik. Richtlinien der katholischen Soziallehre (Hrsg. Sekretariat der Deutschen Bischofskonferenz, Bonn 1985), Seite 34 bis 44.
[5] Peter Koslowski (Anm. 1), Seite 296 mit Hinweis auf Lenin, Werke (Berlin 1971) Bd I, Seite 436.
[6] Den Hinweis auf diese beiden Aussprüche verdanke ich dem Beitrag von A. Metalli, La grande epopea degli evangelici, in: Trenta giorni Jg. 3 Nr. 8, Seite 8 bis 20, hierzu Seite 9.
[7] Ausführlich dazu Peter Koslowski, Religion, Ökonomie, Ethik. Eine sozialtheoretische und ontologische Analyse ihres Zusammenhangs, in: Peter Koslowski (Hrsg.), Die religiöse Dimension der Gesellschaft, Religion und ihre Theorien (Tübingen 1985), Seite 76 bis 96.

Agostino Cardinal Casaroli

Der Dialog zwischen Kirche und Wirtschaft

Es ist mehr als ein Zufall, daß dieser Kongreß wenige Tage vor Beginn der außerordentlichen Bischofssynode in Rom stattfindet. Die Bischofssynode wird sich 20 Jahre nach Abschluß des Zweiten Vatikanischen Konzils mit dem Geist und der Verwirklichung dieses für die Kirche so bedeutsamen Ereignisses befassen. Zu den großen Dokumenten dieses Konzils gehört die Pastoralkonstitution über „Die Kirche in der Welt von heute", in der wesentliche Aussagen zu dem Thema gemacht werden, das Sie sich für diesen Kongreß gewählt haben: Kirche und Wirtschaft in der gemeinsamen Verantwortung für die Entwicklung der Weltwirtschaft. Sie werden verstehen, daß ich in meinem Einleitungsvortrag bewußt auf die Beziehung zwischen dem Thema Ihres Kongresses und dem Zweiten Vatikanischen Konzil eingehen werde.

1. Das positive Grundverhältnis des Zweiten Vatikanischen Konzils zu den Fragen der Wirtschaft und Gesellschaft

Das Zweite Vatikanische Konzil ist das erste Konzil in der Geschichte der Kirche, das eine ausdrückliche Lehre über das Verhältnis von Kirche und Welt, besonders auch über das Verhältnis von Kirche, Wirtschaft und Gesellschaft entwickelt hat. Natürlich stand auch in diesem Konzil im Vordergrund der unmittelbare religiöse Auftrag der Kirche und ihre darauf bezogene innere Struktur: Man denke nur an die drei grundlegenden Konstitutionen über die Kirche, über die Offenbarung und über die Liturgie oder etwa an die Dekrete über die Bischöfe, über die Priester, über das Laienapostolat. Aber während der Beratungen der einzelnen Sitzungen wurde es immer klarer, daß dieses Konzil in seinem Bestreben um eine zeitgerechte Erneuerung der Kirche auch ihr Verhältnis zur Welt, zu Wirtschaft und Gesellschaft neu formulieren müsse. Im Dekret über das Laienapostolat gab es diesem Bemühen die theologische Grundlage, indem es sagte: „Das Erlösungswerk Christi zielt an sich auf das Heil des Menschen. Es umfaßt aber auch den Aufbau der gesamten zeitlichen Ordnung. Darum besteht die Sendung der Kirche nicht nur darin, die Botschaft und Gnade Christi den Menschen nahezubringen, sondern auch darin, die zeitliche Ordnung mit dem Geist des Evangeliums zu durchdringen und zu vervollkommnen" (Nr. 5). Und in der Pastoralkonstitution „Die Kirche in der Welt von heute" fährt das Konzil fort: „Dabei bestimmt die Kirche kein irdischer Machtwille, sondern nur dies eine: unter Führung des Geistes, des Trösters, das Werk Christi selbst weiterzuführen, der in die Welt kam, um von der Wahrheit Zeugnis zu geben; zu retten, nicht zu richten; zu dienen, nicht sich bedienen zu lassen" (Nr. 3).

Die folgenden Ausführungen beschränken sich bewußt auf die wesentlichen Aussagen des Zweiten Vatikanischen Konzils über die zeitliche Ordnung des wirtschaftlichen Lebens, weil dies unmittelbar das Anliegen Ihres Kongresses ist.

Eine Aussage der Pastoralkonstitution „Die Kirche in der Welt von heute" formuliert eine entscheidende Grundüberzeugung des Zweiten Vatikanischen Konzils. Es heißt dort: „Heute steht die Menschheit in einer neuen Epoche ihrer Geschichte, in der tiefgreifende und rasche Veränderungen Schritt um Schritt auf die ganze Welt übergreifen (Nr. 4) ... So vollzieht die Menschheit einen Übergang von einem mehr statischen Verständnis der

Ordnung der gesamten Wirklichkeit zu einem mehr dynamischen und evolutiven Verständnis" (Nr. 5). Das Konzil ist weit davon entfernt, diese Dynamik zu verurteilen, sondern sieht darin gerade auch im Raum der Wirtschaft eine Herausforderung und Aufgabe.

Es geht dabei von zwei empirischen Tatsachen aus: von der Tatsache der raschen Bevölkerungsvermehrung und von der Tatsache der steigenden Bedürfnisse der Menschen. Das Konzil beurteilt diese beiden Tatsachen keineswegs negativ, sondern als eine Aufgabe, die es zu bewältigen gilt, und zwar durch zwei Maßnahmen: erstens durch eine bessere Indienstnahme der Erde und ihrer Möglichkeiten, allerdings ohne sie zu gefährden und zu zerstören; zweitens durch eine bessere Zusammenarbeit und eine bessere Organisation der Wirtschaft als eines gesellschaftlichen Prozesses. Das bedeutet zugleich eine doppelte Initiative: eine Initiative in wissenschaftlich-technischer Hinsicht, aber ebenso eine Initiative auf der zwischenmenschlichen und organisatorischen Ebene. Es ist nicht Aufgabe der Kirche und des Konzils, dafür konkrete Anweisungen zu geben. Sie verfügt, wie schon die Sozialenzyklika „Quadragesimo anno" sagte, in technischer Hinsicht über keine Kompetenz. Entscheidend aber ist die grundsätzlich positive Aussage des Zweiten Vatikanischen Konzils, daß die wirtschaftliche Initiative viel mehr ist als ein bloß technischer Vorgang, sondern daß sie gerade im Anblick der Dynamik der modernen Menschheit eine sittliche Forderung und einen sittlichen Auftrag darstellt.

2. Besorgnisse und Anfragen

Gerade weil die moderne Wirtschaft vor so großen Aufgaben steht und weil ihr heute Mittel zur Verfügung stehen, die früher unbekannt waren, ist es verständlich, daß das Zweite Vatikanische Konzil in der Tradition der Soziallehre der Kirche auch seine tiefe Besorgnis über mögliche Fehlentwicklungen und offenkundige Gefahren ausspricht.

Eine *erste Besorgnis* formuliert das Zweite Vatikanische Konzil folgendermaßen: „Nicht wenige Menschen scheinen, besonders in wirtschaftlich fortgeschrittenen Gegenden, von der Wirtschaft nahezu beherrscht zu werden, so daß fast ihr ganzes persönliches und gesellschaftliches Leben durch eine ökonomische Gesinnung geprägt wird, sowohl in Nationen, die eine kollektivistische Wirtschaftsverfassung haben, als auch in anderen" (Nr. 63). Hier spricht das Zweite Vatikanische Konzil von einer Gefahr, die Papst Johannes Paul II. sowohl in seinem Rundschreiben „Redemptor hominis" als auch in „Laborem exercens" als durchaus gegeben bezeichnet. Sie besteht darin, daß die hochentwickelte moderne Industriewirtschaft das materielle Interesse der Menschen so steigert und das gesellschaftliche Leben so sehr von den angeblichen wirtschaftlichen Notwendigkeiten abhängig macht, daß die für die Entfaltung des gesamten Menschen und die für ein menschenwürdiges gesellschaftliches Leben notwendigen anderen Werte und Ziele in den Hintergrund gedrängt werden. Es ist klar, daß die Wirtschaft als solche diese gesamtmenschlichen und gesellschaftlichen Werte und Ziele nicht selber erzeugen und vermitteln kann. Aber sie kann dazu beitragen, daß diese Werte und Ziele verdrängt werden oder an gesellschaftlicher Gestaltungskraft verlieren. Das gilt keineswegs bloß für die Industrieländer, sondern genauso für die Entwicklungsländer.

Das Konzil formuliert diese Problematik sehr deutlich, indem es sagt: „Die fundamentale Sinnhaftigkeit der Produktion liegt nicht in einer bloßen Steigerung des Ausstoßes an produzierten Gütern, auch nicht im Gewinn oder in der Erzielung einer Machtstellung, sondern im Dienst am Menschen, und zwar am ganzen Menschen, wobei Rücksicht zu nehmen ist auf die Rangordnung seiner materiellen Bedürfnisse und auf die Erfordernisse seines intellektuellen, sittlichen, geistigen und religiösen Lebens" (Nr. 64).

Eine *zweite Besorgnis* hängt damit eng zusammen. Sie läßt sich kurz in der Frage nach der Rolle des arbeitenden Menschen im Wirtschaftsprozeß zusammenfassen. Das Zweite Vatikanische Konzil ist weit davon entfernt, soziale Utopien zu vertreten. Es weiß nur zu gut, daß Arbeit mit Mühe verbunden ist und daß sich der Vollzug der Arbeit an Gesetzmäßigkeiten zu orientieren hat, die sowohl von der Materie als auch von den Notwendigkeiten der Arbeitsteilung vorgegeben sind. Das galt zu allen Zeiten und gilt in besonderer Weise in einer hochspezialisierten Industriewirtschaft. Trotzdem sagt das Zweite Vatikanische Konzil: Ursprung und Ziel des wirtschaftlichen Prozesses ist der Mensch, und zwar nicht nur in dem Sinn, daß er an dem Ergebnis der Wirtschaft seinen berechtigten Anteil erhält, sondern auch in dem Sinn, daß er im wirtschaftlichen Handeln selber Mensch bleibt und – wie es „Laborem exercens" formuliert – mehr Mensch wird. Das Zweite Vatikanische Konzil würde sein sowohl vom Evangelium als auch von der menschlichen Gesamtüberzeugung geprägtes Menschenbild verleugnen, wenn es nicht auf die Gefahr hinwiese, daß der Mensch in seinem Arbeitsvollzug an seiner Persönlichkeit verkümmert und an Mitverantwortung verarmt. Es ist auch hier nicht die Aufgabe der Kirche und des Konzils, konkrete Anweisungen zu geben, wie das sittliche Ziel des „Mehr-Mensch-Werdens" in und durch die Arbeit verwirklicht werden kann. Vor möglichen Utopien wurde bereits gewarnt. Aber ebenso will das Zweite Vatikanische Konzil davor warnen, die Gestaltung und den Ablauf der Wirtschaft ausschließlich den technischen Zweckmäßigkeiten und organisatorischen Rationalitäten zu überlassen. „Die menschliche Arbeit, die in der Erzeugung und Verteilung von Gütern sowie in der Bereitstellung von Dienstleistungen betrieben wird, überragt alle übrigen Elemente des wirtschaftlichen Lebens, die ja nur instrumentalen Charakter haben" (Nr. 67).

Eine *dritte Besorgnis* des Zweiten Vatikanischen Konzils berührt direkt das eigentliche Thema dieses Kongresses: die Verantwortung für die Entwicklung der Weltwirtschaft. Wie bereits erwähnt, geht das Konzil in seinen wirtschaftsethischen Aussagen von zwei Tatsachen aus: von der Tatsache der ungeheuren Leistungsfähigkeit der modernen Industriewirtschaft auf der einen Seite und von der Tatsache der wachsenden Verflechtung und Abhängigkeit der am Wirtschaftsprozeß Beteiligten auf der anderen Seite. Diese beiden Tatsachen weisen aus sich heraus auf ein Ziel hin, das, wie die Pastoralkonstitution „Die Kirche in der Welt von heute" sagt, darin besteht, daß „die bestehenden und oft noch zunehmenden, mit individueller und gesellschaftlicher Diskriminierung verbundenen wirtschaftlichen Ungleichheiten sobald wie möglich aus der Welt geschafft werden" (Nr. 66). Und das Konzil fügt als Begründung hinzu: „Gott hat die Erde mit allem, was sie enthält, zur Nutzung für alle Menschen und Völker bestimmt, so daß die geschaffenen Güter allen nach Recht und Billigkeit zufließen können" (Nr. 69).

Die Besorgnis des Zweiten Vatikanischen Konzils besteht vor allem darin, daß die Möglichkeiten, die der heutige wirtschaftlich-technische Fortschritt bietet, nicht ausreichend dafür eingesetzt werden, daß der Hunger beseitigt und – wie das Konzil wörtlich sagt – den Entwicklungsländern jene Hilfsmittel angeboten werden, „die es ihnen gestatten, sich selbst zu helfen und zu entwickeln" (Nr. 69). „Unsere Zeitgenossen empfinden diese Ungleichheiten mit immer lebhafterem Bewußtsein: denn sie sind überzeugt, daß die umfassenden technischen und wirtschaftlichen Möglichkeiten, deren sich die heutige Welt erfreut, diesen unseligen Zustand verbessern können und müssen" (Nr. 63).

Das Zweite Vatikanische Konzil gibt sich keiner Täuschung hin, daß die Verwirklichung dieses Zieles nur stufenweise und in einem harten Bemühen geschehen kann. Es weist ausdrücklich darauf hin, daß dazu auch in den Entwicklungsländern selber tiefgreifende Veränderungen vollzogen werden müssen, und sagt wörtlich: „Man muß sich davor hüten, irgendwelche Gewohnheiten für völlig unveränderlich zu halten, wenn sie den neuartigen Erfordernissen unserer Zeit nicht mehr entsprechen" (Nr. 69). Auf der anderen Seite aber warnt das Konzil ebenso eindringlich davor, die Lösung der Entwicklungsproblematik primär darin zu sehen, die Wirtschaftsformen und die Wirtschaftsgesinnung der Industrieländer einfach auf die Dritte Welt zu übertragen.

3. Erkenntnisse und Aufgaben der Zukunft

Aus dem grundsätzlich positiven Verhältnis des Zweiten Vatikanischen Konzils zu den Fragen von Wirtschaft und Gesellschaft und aufgrund der angeführten Besorgnisse lassen sich im Geist dieses Konzils einige Aufgaben formulieren, die gerade im Hinblick auf die Entwicklung der Weltwirtschaft in die Zukunft weisen und auch im Mittelpunkt der Diskussionen dieses Kongresses stehen werden. Ich möchte mich dabei auf einige grundsätzliche Aussagen beschränken, die in die unmittelbare Zuständigkeit der Kirche gehören.

Erstens: Das Vatikanische Konzil spricht ausdrücklich von den der Wirtschaft eigenen „Methoden und Gesetzmäßigkeiten" (Nr. 64). Das heißt mit anderen Worten: Es wäre töricht zu glauben, daß in der Wirtschaft alles möglich wäre, daß man an sie jede Art von Forderungen stellen könne, auch solche utopischer Art. Die Sozialenzyklika „Quadragesimo anno" betont, daß die Wirtschaftsgesetze anzeigen, „welche Zielsetzungen möglich, welche nicht möglich sind" (Nr. 43). Das Zweite Vatikanische Konzil anerkennt die Existenz solcher Wirtschaftsgesetze, und die Soziallehre der Kirche bestätigt diese Aussage. Sie gelten nicht nur für die Gestaltung der innerstaatlichen Wirtschaft, sondern auch und um so mehr für die Verwirklichung der Weltwirtschaft.

Zweitens: Das gleiche Vatikanische Konzil betont, daß diese Wirtschaftsgesetze nicht automatisch das Ziel der Wirtschaft verwirklichen und damit sozusagen die letzte Instanz des wirtschaftlichen Handelns darstellen. Sie müssen vielmehr „im Rahmen der sittlichen Ordnung" verstanden und soweit wie möglich aktualisiert werden, das heißt innerhalb von Werten und Zielen, die nicht mehr allein dem wirtschaftlichen Handeln entnommen werden können, sondern aus einem größeren Kontext stammen. Darum sagt „Quadragesimo anno": „Aus der gleichen Sachgüterwelt sowie der Individual- und Sozialnatur des Menschen entnimmt sodann die menschliche Vernunft mit voller Bestimmtheit das von Gott dem Schöpfer der Wirtschaft als Ganzem vorgesteckte Ziel" (Nr. 42). Das heißt mit den Worten des Zweiten Vatikanischen Konzils: Dienst am Menschen, und zwar am ganzen Menschen und an jedem Menschen. Das wirtschaftliche Handeln ist daher immer in seinem gesamtmenschlichen Kontext zu sehen.

Drittens: Dieser gesamtmenschliche Zusammenhang ist keine statische Größe, sondern unterliegt der gesellschaftlichen Dynamik. Diese ist, wie das Konzil sagt, heute durch die wachsende Einheit und Solidarität aller Menschen und Völker gekennzeichnet. Darum wird die Verwirklichung der Bedarfsdeckung der gesamten Menschheit zum sittlich-verpflichtenden Rahmen, in dem sich die der Wirtschaft eigenen „Methoden und Gesetzmäßigkeiten" zu aktualisieren haben. Es sei noch einmal betont: Dieses Ziel unterliegt nicht der freien Willkür, sondern ist im Kontext der heutigen Welt der Wirtschaft verpflichtend vorgegeben.

Viertens: Daraus ergeben sich für die nationalen Wirtschaften und für die Verwirklichung der Weltwirtschaft eine Reihe von Konsequenzen. Im Sinn der Soziallehre der Kirche kann diese Weltwirtschaft nie im Sinn einer zentralverwalteten und allbeherrschenden Kollektivwirtschaft verstanden werden, sondern einzig in der subsidiären, aber solidarischen Zuordnung von nationalen und regionalen Wirtschaftseinheiten. Dies wird eine Reihe von einschneidenden organisatorischen Maßnahmen erfordern, die sowohl von den industrialisierten Ländern als auch von den Entwicklungsländern große Opfer verlangen.

Fünftens: Diese Opfer und Verzichte aber können nicht zuerst durch organisatorische Maßnahmen erzwungen werden. Es braucht dazu wesentlich den breiten Konsens und die Bewußtseinsbildung der Solidarität. Die Soziallehre der Kirche hat die Zuständereform immer eng mit der Gesinnungsreform verbunden. Hier liegt eine große Aufgabe der Religion und der Kirche. Sie will heute nicht nur die sittlichen Ziele und die ethische Verantwortung aufzeigen. Sie will auch ihren Beitrag zur Bewußtseinsveränderung leisten, und das nicht nur in den industrialisierten Ländern, sondern auch in der Dritten Welt. Dazu aber braucht sie ganz wesentlich den Dialog mit jenen Kräften und Instanzen, die für die Verwirklichung der großen Menschheitsziele von heute die unmittelbare Verantwortung tragen: mit den Menschen der Wirtschaft, und zwar sowohl mit den Arbeitgebern wie mit den Arbeitnehmern in den Industrieländern sowie in den Entwicklungsländern. Diesen Dialog hat das Zweite Vatikanische Konzil vor zwanzig Jahren eröffnet. Dieser Kongreß im zwanzigsten Jahr nach Abschluß des Konzils will diesen Dialog neu aufgreifen und weiterführen.

Sechstens: Sie werden auch auf diesem Kongreß zu keinen Patentlösungen kommen. Es werden Meinungsverschiedenheiten und Diskussionen über die konkrete Verwirklichung der fast übermenschlichen Aufgabe auftreten. Das ist durchaus möglich und in der Pastoralkonstitution „Die Kirche in der Welt von heute" direkt vorgesehen. Aber lassen Sie sich dadurch nicht entmutigen. Was heute dringend nottut, ist die Überwindung der Resignation und der Mut zur Initiative. Vergessen wir nicht, was die Sozialenzyklika „Quadragesimo anno" schon vor mehr als fünfzig Jahren gesagt hat: Die schärfste Verurteilung „verdient der Leichtsinn, der um all dieses unbekümmert Zustände weiterbestehen läßt, die den fruchtbaren Nährboden berechtigter Unzufriedenheit abgeben und so der angestrebten Weltrevolution Schrittmacherdienste leisten" (Nr. 112).

Dieses Wort hat auch für die Welt von heute seine ganze Bedeutung. Ich freue mich herzlich über Ihre Initiative und wünsche dem Kongreß einen erfolgreichen Verlauf und den besonderen Segen Gottes.

Joseph Cardinal Höffner

Die Weltwirtschaft im Licht der katholischen Soziallehre

Seit einigen Jahren wendet sich die katholische Soziallehre intensiv *wirtschaftlichen* Fragen zu, wobei es auffällt, daß *welt*wirtschaftliche Probleme in den Vordergrund gerückt werden. Papst Johannes Paul II. fordert in seiner Enzyklika über die menschliche Arbeit eine die Grenzen der Staaten überschreitende „Gesamtplanung".[1] Die Bischöfe der Vereinigten Staaten bereiten einen Hirtenbrief vor, der sich mit der weltweit verflochtenen amerikanischen Wirtschaft befaßt. Bischöfe der Dritten Welt verlangen eine neue Weltwirtschaftsordnung. So will auch ich versuchen, im Licht der katholischen Soziallehre einige grundsätzliche Aussagen über die Weltwirtschaft zu machen. Es geht mir um das die Weltwirtschaft prägende Spannungsverhältnis zwischen solidarischem Verbundensein und solidarischem Verpflichtetsein.

Der Grundsatz der Solidarität (von solidare = fest zusammenfügen) besagt wechselseitiges Verbundensein und Verpflichtetsein. Damit sind sowohl der Individualismus, der die Sozialnatur des Menschen leugnet und in der Gesellschaft nur einen Zweckverband zum mechanischen Ausgleich der Einzelinteressen sieht, als auch der Kollektivismus, der den Menschen seiner Personwürde beraubt und zum bloßen Objekt gesellschaftlicher, staatlicher und wirtschaftlicher Prozesse erniedrigt, als gesellschaftliche Ordnungsprinzipien abgelehnt. Der Grundsatz der Solidarität steht nicht irgendwo in der Mitte zwischen Individualismus und Kollektivismus, sondern stellt, da er bei der Personwürde und bei der wesenhaft sozialen Anlage des Menschen *zugleich* ansetzt, eine neue und eigenartige Aussage über das Verhältnis zwischen Mensch und Gesellschaft dar. Einerseits gründet dieses Prinzip in der seinsmäßig vorgegebenen wechselseitigen Verbundenheit (Gemeinverstrickung) des Einzelnen und der Gesellschaft, andererseits besagt es die sich aus diesem Seinsverhalt ergebende sittliche Verantwortung (Gemeinhaftung). Solidarität ist mithin ein ontisches und ethisches Prinzip zugleich.

Das Bundesverfassungsgericht der Bundesrepublik Deutschland bekannte sich in einem Urteil vom 20. Juli 1954 zu demselben Grundsatz: „Das Menschenbild des Grundgesetzes ist nicht das eines isolierten souveränen Individuums. Das Grundgesetz hat vielmehr die Spannung Individuum und Gemeinschaft im Sinne der Gemeinschaftsbezogenheit und Gemeinschaftsgebundenheit der Person entschieden, ohne dabei deren Eigenwert anzutasten".[2]

I. Solidarisches Verbundensein

1. Die biologische und metaphysische Einheit des Menschengeschlechts

Obwohl der Mensch wie kein anderes Wesen auf dieser Erde eine Welt für sich ist, einzigartig er selbst, nie wiederholt, nie wiederholbar, ruht er dennoch nicht beziehungslos in sich selbst. Er ist geöffnet, ansprechbar, seinem Wesen nach dialogisch, eingefügt in das Menschengeschlecht. Trotz ihrer Verschiedenheit nach Hautfarbe und Volkstum sind die Menschen durch dieselbe Menschennatur biologisch und metaphysisch geeint. Sie sind nicht nur viele, sondern viele derselben Art. Alle haben die gleichen Chromosomen, woraus folgt, daß die Menschen, wie Professor Jérome Lejeune schreibt, „ursprünglich in einer sehr begrenzten Gruppe, ja bei einem einzigen Paar" in Erscheinung getreten sein müssen. „Die uralte Idee, daß die Menschen Brüder sind, ist demnach nicht eine bloße philosophische Annahme oder eine moralische Forderung, sondern eine einfache Feststellung der Realität."³ Unabhängig von Vereinbarung und Zustimmung bildet die Menschheit in biologischer, metaphysischer, geistiger, sittlicher, rechtlicher und wirtschaftlicher Hinsicht eine ursprüngliche, vorgegebene Einheit. Die ganze Menschheit ist auf die gemeinsamen geistig-sittlichen Werte des Wahren, Guten, Schönen und Heiligen hingeordnet.

In früheren Jahrtausenden, ja noch vor wenigen Jahrhunderten standen die Erdteile und Kulturkreise kaum in Berührung miteinander. Heute haben Presse und Rundfunk, Kriegsdrohung und Friedenssehnsucht, Weltwirtschaft und Weltverkehr die ganze Menschheit zu schicksalhafter Einheit verbunden wie nie zuvor. Auch die Katholische Kirche nimmt immer mehr weltweite Dimensionen an. Die Gewichte verlagern sich in die südliche Hemisphäre. Von den achthundertvierzig Millionen Katholiken leben noch zweihundertsiebzig Millionen in Europa und siebzig Millionen in Nordamerika, die übrigen fünfhundert Millionen jedoch in anderen Kontinenten: in Lateinamerika, Afrika und Asien. Papst Pius XII. mahnte in seiner Weihnachtsansprache vom 23. Dezember 1950: „Man öffne die Grenzsperren, man beseitige die Drahtverhaue, man gewähre jedem Volk freien Einblick in das Leben aller anderen, man hebe die dem Frieden so abträgliche Abschließung bestimmter Länder von der übrigen Kulturwelt auf." Das ist nur möglich, wenn die gemeinsamen geistigen und sittlichen Grundwerte von allen Völkern anerkannt werden. Es ist tröstlich, daß trotz aller „Eisernen Vorhänge" das Bewußtsein weltweiter Solidarität bei allen Völkern immer stärker wird.

2. Die wirtschaftliche Solidarität der Menschheit

Auch wirtschaftlich bildet die ganze Menschheit eine vorgegebene Einheit. Die katholische Soziallehre bringt dafür folgende Gründe vor:

a) Die Gemeinwidmung der Erdengüter

Gott hat die Erdengüter ursprünglich „der ganzen Menschheitsfamilie gewidmet"[4], also nicht bestimmten Menschen zugewiesen, wie jedem seinen Leib. Deshalb darf das Privateigentum, wie Papst Pius XII. sagt, „von jenem ursprünglichen Nutzungsrecht aller" nicht losgelöst werden. Ist ein Mensch in äußerster Not, so setzt sich jener übergeordnete naturrechtliche Anspruch gegen jede entgegenstehende positive Eigentumsordnung durch: „In äußerster Not ist alles gemeinsam"[5], ein gewagter Satz, der hohe Anforderungen an die Reinheit der Gesinnung stellt, aber in Katastrophenzeiten auch befreiend zu wirken vermag.

Der Grundsatz der ursprünglichen Gemeinwidmung der Erdengüter gilt auch für die Völkergemeinschaft. Es ist ein Unrecht, so erklärte Papst Pius XII. am 24. Dezember 1941, wenn reiche Länder „auf eine derartige Aneignung der gemeinnützigen wirtschaftlichen Hilfsquellen und Rohstoffe abzielen, daß die von der Natur weniger begünstigten Nationen davon ausgeschlossen bleiben". Das Zweite Vatikanische Konzil hat diese Lehre bekräftigt und gefordert, daß jeder seinen Besitz „zugleich als Gemeingut" ansehen müsse. „Das Ärgernis soll vermieden werden, daß einige Nationen, deren Bürger in überwältigender Mehrheit den Ehrennamen Christen tragen, Güter in Fülle besitzen, während andere nicht genug zum Leben haben und von Hunger, Krankheit und Elend aller Art gepeinigt werden."[6] Die Gemeinwidmung der Erdengüter findet ihre Verwirklichung im weltwirtschaftlichen Austausch. Als Papst Paul VI. in seiner Enzyklika „Populorum progressio" (Nr. 22 und 23) auf diese Zusammenhänge erneut hinwies, wirkte das fast wie eine Sensation, ein Zeichen dafür, wie wenig die katholische Soziallehre bekannt ist.

b) Die weltwirtschaftliche Verbundenheit als Band der Einheit unter den Völkern

Seit den frühen christlichen Jahrhunderten haben Kirchenväter, Bischöfe und Theologen immer wieder darauf hingewiesen, daß Gott in seiner Güte die Bodenschätze und die landwirtschaftlichen Güter ungleich an die einzelnen Länder verteilt habe, um auf diese Weise die Völker zum freundschaftlichen Austausch anzuregen und sie friedlich miteinander zu verbinden. Gott hat es so gewollt, meinte Johannes Chrysostomus (gestorben 407), daß nicht überall alles wächst und erzeugt wird, um die Völker auf diese Weise durch den Warenaustausch inniger miteinander zu verbinden. Theodoret von Cyrus (gestorben 458) verglich das zwischen den Ländern liegende Meer mit dem Markt einer ausgedehnten Stadt und die Inseln mit den Herbergen für die Kaufleute.

Heinrich Heinbuche von Langenstein, geboren 1325 in Hessen, griff diesen Gedanken auf und legte dar, daß es Aufgabe des Außenhandels sei, die Völker „in Freundschaft und Liebe" miteinander zu verbinden.[7] Der Schotte Johannes Mayor (John Mayr), gestorben 1550, legte dar, daß kein Land ohne Handel bestehen könne: „Die Könige und Fürsten Britanniens, Norwegens und des Nordens haben in ihren Ländern weder Wein noch Weinstöcke. Es muß also einige kluge Leute geben, die den Wein zum Nutzen des Staates in diese Gegenden bringen." Für Island sei der Handel geradezu lebensnotwendig. Getreide und sonstige Waren, die es in Island nicht gebe, brächten die englischen Kaufleute dorthin, die dafür große Mengen Fische aufkauften.[8] Papst Pius XII. hat diese Gedanken auf die Gegenwart angewandt. An die Stelle des Eigennutzes müsse „eine ehrliche, rechtliche und wirtschaftliche Verbundenheit treten, eine brüderliche Zusammenarbeit der Völker" (24. Dezember 1940). Auch Papst Johannes XXIII. wies darauf hin, daß die Menschen in allen Teilen der Welt gleichsam „Bewohner ein und desselben Hauses" seien, so daß „ein dauerhafter und segensreicher Friede nicht gewährleistet sei, wenn die wirtschaftliche und soziale Lage des einen von der des anderen allzu stark abweiche".[9]

c) Die Weltwirtschaft im Dienst der Freiheit

Es ist ein Verdienst der großen spanischen Theologen des 16. Jahrhunderts, den Austausch zwischen den Völkern und Nationen unter das Zeichen der Freiheit gestellt zu haben. „Zu Beginn der Welt", so schreibt Francisco Vitoria (gestorben 1546), „als noch alles gemeinsam war, stand es jedem frei, in jede beliebige Gegend zu reisen und zu ziehen. Dieses Recht scheint durch die Güterteilung nicht aufgehoben zu sein. Keineswegs ist es nämlich die Absicht der Völker gewesen, durch jene Teilung den Verkehr der Menschen untereinander abzudrosseln." So können zum Beispiel die Franzosen den Spaniern nicht verbieten, nach Frankreich zu ziehen und dort zu wohnen, „wenn sie dort kein Unrecht verüben". Erst recht dürfen die Schiffe an allen Küsten der Welt anlegen; denn „das fließende Wasser und das Meer, die Flüsse und Häfen" sind allen gemeinsam.[10]

Weltwirtschaftliche Verbundenheit bedeutet weder Zentralverwaltungswirtschaft noch Schaffung eines einheitlichen Weltstaates. Ein solches Reich wäre ein ungeschlachter Koloß. Ein Riesenschiff von zwei Stadien Länge, meinte zum Beispiel Dominikus Soto (gestorben 1560), könne man kaum lenken. Solange es mit rein menschlichen Dingen zugehe, schrieb Franz Suarez (gestorben 1617), werde es wohl nie zur Schaffung eines Weltstaates kommen.[11]

Die katholische Soziallehre hält – auch im Interesse der Weltwirtschaft – die Marktwirtschaft für die richtige Grundform der Wirtschaftsordnung. Sie ist jedoch davon überzeugt, daß ihr ein humanes Leitbild gegeben werden muß. Die Weltwirtschaft ist kein Automat, sondern ein vom geordneten und ordnenden Willen des Menschen zu gestaltender Kulturprozeß. Zum Marktmechanismus und zum Streben nach wirtschaftlichem Erfolg muß die soziale Ausrichtung der Weltwirtschaft treten. Sie ist steuerungsfähig und steuerungsbedürftig. Der Sinn der Weltwirtschaft liegt weder – rein formalistisch – im bloßen Handeln nach dem ökonomischen Rationalprinzip noch in der Technokratie, noch in der bloßen Rentabilität, noch im größtmöglichen materiellen „Glück" einer größtmöglichen Menschenzahl. Das Sachziel der Wirtschaft besteht vielmehr in der dauernden und gesicherten Schaffung jener materiellen Voraussetzungen, die den Menschen und Völkern eine menschenwürdige Entfaltung ermöglichen. In der Dritten Welt haben Bischöfe und Laien mir oft gesagt, daß sie sich um des Menschen willen gegen den praktischen Materialismus und gegen den Ungeist des Konsumismus wehren. Es geht ihnen um die gesamtmenschliche Erfüllung: in Ehe und Familie, in Arbeit und Beruf, in der Liebe zum Schönen, im Zeithaben für Freude und Spiel. Ihre Erfüllung findet die gesamtmenschliche Integration in der Religion.

II. Solidarisches Verpflichtetsein

Das vorgegebene solidarische Verbundensein ist Anspruch, Aufgabe, Verpflichtung. Leider ist in der Welt von heute weithin an die Stelle der Solidarität unter den Völkern die Angst voreinander getreten. Das Wettrüsten nimmt kein Ende. Die Bedrohung wächst ins Unvorstellbare, bis zur Selbstvernichtung der Menschheit. Immer mehr Staaten sind versucht, sich wirtschaftlich abzukapseln: durch Wettbewerbsbeschränkungen, durch Protektionismus, durch den Sonderschutz einzelner Wirtschaftssektoren, zum Beispiel der Landwirtschaft, durch Subventionen, durch nichtwettbewerbskonforme Maßnahmen, durch bilaterale Einengung des seinem Wesen nach multilateralen Welthandels. Und doch lehrt die Erfahrung, wie richtig die Aussage der Enzyklika „Mater et magistra" ist: „Die einzelnen Länder sind darauf angewiesen, sich gegenseitig auszuhelfen und zu ergänzen. Sie können ihr eigenes Wohl nur dann wahren, wenn sie zugleich auf das Wohl anderer Länder Bedacht nehmen" (Nr. 202). Im Grunde entspricht die weltwirtschaftliche Solidarität dem eigenen Interesse.

Angesichts der bedrohlichen Lage, in der sich heute die Menschheit befindet, müssen sich alle Völker ihrer solidarischen Verbundenheit erneut bewußt werden. Ein neues Bewußtsein vermag die Verhältnisse zu ändern. Daß dies möglich ist, zeigt die neuere Geschichte. Hexenwahn, Sklaverei und Kolonialherrschaft sind auf diese Weise beseitigt worden. Warum sollte eine Bewußtseinsänderung nicht auch zur Ächtung des Krieges und zur Überwindung von Hunger und Elend führen? Das Gleichgewicht des Schreckens ist gefährlich und die sogenannte Krisenstabilität zerbrechlich.

Ein neues Bewußtsein weltweiter solidarischer Verantwortung wird freilich nur dann entstehen, wenn die Rechte aller Völker „auf Existenz, auf Freiheit, auf Unabhängigkeit, auf eine eigene Kultur und auf eine echte Entwicklung" gesichert[12] und wenn Elend und Hunger überall überwunden werden. Die hungernden Völker der Dritten Welt erwarten vor allem von den Christen ein Zeichen. Bleibt dieses Zeichen aus, droht die Gefahr, daß, wie Papst Paul VI. gesagt hat, ein „zweiter Messias" durch „großtuerische, aber trügerische Versprechungen" die Massen aufwiegeln und an „totalitäre Ideologien" ausliefern wird.[13] Das Ärgernis, daß dem Reichtum in den fortgeschrittenen Industriestaaten der Hunger in den Entwicklungsländern gegenübersteht, kann nur durch die Solidarität aller Völker beseitigt werden.

Von der entwickelten Industriegesellschaft geht heute eine weltweite Suggestivwirkung aus. Völker, die jahrtausendelang in einer gewissen statischen Genügsamkeit gelebt hatten, sind erwacht und zu einem neuen Bewußtsein gelangt. Dieses Erwachen aber geschieht mit dem Blick auf den Zivilisationskomfort der entwickelten Industriestaaten, denen gegenüber man sich selbst als enterbt, zurückgesetzt oder gar als ausgebeutet betrachtet. Wie in der zweiten Hälfte des 19. Jahrhunderts die industrielle Arbeiterschaft Europas sich ihrer Klassenlage innerhalb der bürgerlichen Gesellschaft bewußt geworden ist, was unübersehbare politische, gesellschaftliche und wirtschaftliche Folgen hatte, so werden in der zweiten Hälfte des 20. Jahrhunderts die Menschen in den Entwicklungsländern sich ihrer Lage innerhalb der Völker und Staaten der ganzen Welt bewußt, was zu noch gewaltigeren Auswirkungen führen wird.

Seit dem Zweiten Weltkrieg hat vor allem die politische Klugheit die wohlhabenderen Staaten veranlaßt, den Entwicklungsländern wirtschaftliche Hilfe zu gewähren. Die katholische Soziallehre stellt demgegenüber die Frage nach dem solidarischen Verpflichtetsein in den Vordergrund. Folgende Erwägungen drängen sich auf:

1. Es muß Herz und Gewissen der Menschen in den wohlhabenden Staaten erschüttern, daß heute von den 4,8 Milliarden Menschen eine Milliarde teils unterernährt ist, teils buchstäblich Hunger leidet. Nach den Schätzungen der Ernährungs- und Landwirtschaftsorganisation der Vereinten Nationen (FAO) waren in der Zeit von 1974 bis 1976 durchschnittlich vierhundertsechsunddreißig Millionen Menschen in der Welt am Hungern oder am Verhungern. Jeder sechste Afrikaner ist unterernährt oder leidet Hunger. Der Hunger in der Welt ist

zu einem dauernden Hauptproblem der Menschheit geworden. Trotz verstärktem Kampf gegen den Hunger wird diese Geißel, wenn nicht tatkräftig geholfen wird, noch viele Jahre weiterbestehen.

2. Der Satz „Je dichter die Bevölkerung, desto größer ist der Hunger" stimmt so nicht, wenn auch das Problem der Überbevölkerung nicht verharmlost werden darf. Das Rhein-Ruhr-Gebiet gehört, um ein Beispiel zu nennen, zu den am dichtesten bevölkerten Gebieten der Erde. Trotzdem leiden die Menschen im Rhein-Ruhr-Gebiet keinen Hunger. Im Gegenteil, man pflegt dieses Gebiet als ein typisches Beispiel der sogenannten Wohlstandsgesellschaft zu bezeichnen.

Auf der Römischen Bischofssynode des Jahres 1980 wurde leidenschaftlich dagegen protestiert, daß die reichen Länder durch Mißbrauch der Entwicklungshilfe den Menschen in der Dritten Welt gewisse Methoden der Geburtenbeschränkung aufzwingen wollten. Man wolle die Völker der Dritten Welt „klein halten".

3. Bei der Frage nach den Ursachen der Verelendung sind zunächst zwei Bereiche zu unterscheiden: einerseits die in den einzelnen Ländern zwar vorhandenen, aber noch nicht oder nur zum Teil ausgenützten landwirtschaftlichen Möglichkeiten (Bodenbeschaffung, Fruchtbarkeit, Bewässerung und dergleichen), andererseits die jeweiligen gesellschaftlichen und wirtschaftlichen Verhältnisse, die einer Auswertung der landwirtschaftlichen Möglichkeiten weithin hinderlich sind. In den sogenannten Entwicklungsländern lassen die überkommenen Feudalsysteme, der Kapitalmangel, die primitiven Akkerbaumethoden, die fehlende berufliche Ausbildung, die hinausgezögerte Agrarreform und zahlreiche andere Gründe den wirtschaftlichen Aufschwung nur schwer in Gang kommen. Dazu kommt, daß eine weltweite Wirtschaftspolitik fehlt und daß die Entwicklungshilfe der reichen Länder unzu-

reichend ist. Die Folgen stellen eine Kette des Elends dar: fehlende Arbeitsplätze – Arbeitslosigkeit – Armut – fehlende Nachfrage – geringe landwirtschaftliche Erzeugung – geringes Angebot – Unterernährung – Hunger. Auch wirkt es sich in dieser Lage erschwerend aus, daß sich die Bevölkerung, weil der hygienische und medizinische Fortschritt in den Entwicklungsländern leichter und früher als der wirtschaftliche Fortschritt zu erreichen ist, in einem Ausmaß vermehrt hat, mit dem die Nahrungsmittelerzeugung nicht Schritt halten konnte.

4. Angesichts dieser Lage ist es ein Gebot der gesamtmenschlichen Gemeinwohlgerechtigkeit, den Menschen in den Entwicklungsländern tatkräftig zu Hilfe zu kommen. In theologischer Sicht gibt es nicht nur eine Menschheitssolidarität der Sünde, worüber die Theologen in der Erbsündelehre Tiefes aussagen, sondern auch eine Menschheitssolidarität der Gerechtigkeit und der Liebe, was bisher nur wenig ausgedeutet worden ist. Je mehr die Menschheit eine Einheit wird, desto mehr sind auch die Menschen fremder Rasse und Zivilisation unsere Nächsten, und desto mehr muß die Solidarität über Familie, Verwandtschaft, Nachbarschaft, Dorf und Volk hinauswachsen und sich zu der Not niederneigen, unter der Menschen in anderen Erdteilen leiden.

5. Die Kette des Elends kann nur zerrissen werden, wenn sowohl durch politische Entscheidungen als auch durch weltwirtschaftliche Solidarität großzügig geholfen wird. Die wirtschaftlichen Maßnahmen müssen *marktwirtschaftlich* ausgerichtet sein. Dirigistische Eingriffe sind schon deshalb zum Scheitern verurteilt, weil die Staaten der Dritten Welt sehr empfindlich auf ihre Souveränität pochen. Übrigens gestalten auch die kommunistischen Länder ihre Handelsbeziehungen unter sich und mit den Staaten der westlichen Welt weithin nach marktwirtschaftlichen Grundsätzen.

In einem weltweiten Helfen müssen folgende Ziele angestrebt werden:

a) Der Handel mit den Ländern der Dritten Welt muß ausgeweitet werden. Die gewaltige Schuldenlast der Entwicklungsländer kann nur abgetragen werden, wenn den Staaten der Dritten Welt größere Exportmöglichkeiten gewährt werden. Zur Zeit pflegen die fortgeschrittenen Industriestaaten ihre Handelsbeziehungen vor allem unter sich selber. So stammten zum Beispiel im Jahre 1982 von der Einfuhr der Bundesrepublik Deutschland in Höhe von 376,1 Milliarden Mark: 321,1 Milliarden Mark aus den Industrieländern der westlichen Welt, 38,7 Milliarden Mark aus den Entwicklungsländern und 16,3 Milliarden Mark aus den sozialistischen Staatshandelsländern.

b) Der Protektionismus, der zu einem großen Teil mit dem internationalen Schuldenproblem verknüpft ist, muß abgebaut werden.

c) Die Bemühungen der Entwicklungsländer, Arbeitsplätze zu schaffen und zu erhalten, müssen unterstützt werden. Dabei kommt dem sogenannten „indirekten Arbeitgeber", also „dem Gefüge der nationalen und internationalen Stellen, die für die ganze Ausrichtung der Arbeitspolitik verantwortlich sind", eine große Bedeutung zu. Papst Johannes Paul II. fordert eine die Grenzen der Staaten überschreitende „Gesamtplanung".[14]

d) Im landwirtschaftlichen Bereich müssen die Anbauflächen vermehrt werden. Sachverständige meinen, daß die als Akkerland nutzbare Fläche auf der Erde verdoppelt werden könnte. Auch müssen die Ackerbaumethoden durch Mechanisierung, Bewässerung, Pflanzenschutz, Seuchenbekämpfung, Düngung und dergleichen verbessert werden.

In vielen Entwicklungsländern, zum Beispiel in Lateinamerika, ist eine Agrarreform (Überwindung der Latifundien- und Minifundien-Struktur) dringend geboten. Bei der Durchführung ist eine Entschädigung nach dem Verkehrswert weder möglich noch von der katholischen Soziallehre gefordert. Wenn der Soldat sein Leben für das allgemeine Wohl ohne Entschädigung einsetzen muß, wird der Mensch erst recht verpflichtet werden können, zur Behebung schwerster, den Bestand des Staates bedrohender Mißstände auf Vermögenswerte gegen eine den Verhältnissen angepaßte Entschädigung zu verzichten.[15]

e) Die Entwicklungshilfe muß, auch unter schweren Opfern, erheblich ausgeweitet werden. Der Satz: „Jeder ist sich selbst der Nächste" wird sich für das künftige Schicksal der Menschheit verhängnisvoll auswirken. Unternehmer und Großeigentümer in den Entwicklungsländern verstoßen in schwerer Weise gegen das allgemeine Wohl, wenn sie ihre Mittel „dem produktiven Einsatz" vorenthalten und – zum Beispiel durch Verlagerung ihrer Kapitalien ins Ausland – dem „Gemeinwesen materielle und ideelle Hilfen, auf die es angewiesen ist", entziehen.[16] Auch die reich gewordenen Ölländer, bei denen sich Milliardenbeträge angesammelt haben, sind zur Entwicklungshilfe verpflichtet.

f) Die Rüstungsausgaben müssen drastisch gesenkt werden. Im Jahre 1973 wurden auf der Welt zweihundertsieben Milliarden US-Dollar für die Rüstung ausgegeben. Bereits im Jahre 1979 waren die Rüstungsausgaben mit fünfhundertachtzehn Milliarden US-Dollar weit mehr als verdoppelt worden, und 1981 wurden nach Angaben des Internationalen Instituts für Friedensforschung (SIPRI) in Stockholm weltweit sechshundertfünfzig Milliarden US-Dollar für die Rüstung ausgegeben.

g) Die wirtschaftliche Entwicklungshilfe sollte nicht mit der Errichtung von Prestige-Großbetrieben beginnen, sondern bei der Förderung arbeitsintensiver Maßnahmen im Bereich der Substrukturen ansetzen: Bau von Straßen, Brücken, Eisenbahnen, Wasserleitungen und ähnlichem. Zugleich müssen zahlreiche mittlere und kleinere Betriebe zur Erzeugung von Konsumgütern (Textilbetriebe, Möbelwerkstätten, Betriebe zur Herstellung von Hausrat und dergleichen) geschaffen werden, damit den beim Aufbau der Substrukturen verdienten Löhnen ein entsprechendes Konsumgüterangebot gegenübersteht. Sonst steigen die Preise, und die Verelendung bleibt dieselbe.

6. Es würde der weltwirtschaftlichen Solidarität widersprechen, wenn die Entwicklungshilfe dazu mißbraucht würde, sich in die politischen Verhältnisse der Entwicklungsländer einzumischen, „um Herrschaftsansprüche durchzusetzen". Ein solches Vorgehen, so lesen wir in der Enzyklika „Mater et magistra", läuft „offenbar darauf hinaus, eine neue Form von Kolonialherrschaft aufzurichten, die unter einem heuchlerischen Deckmantel die frühere, überholte Abhängigkeit wiederherstellen würde, von der viele Staaten sich erst vor kurzem freigemacht haben". Die „technische und finanzielle Hilfe" muß uneigennützig gewährt werden, und zwar so, daß die Entwicklungsländer „in den Stand gesetzt werden, ihren wirtschaftlichen und sozialen Fortschritt einmal selbständig zu vollziehen". Nur auf diese Weise kann es gelingen, „alle Staaten zu einer Gemeinschaft zu verbinden, deren einzelne Glieder im Bewußtsein ihrer Rechte und Pflichten übereinstimmend zur Wohlfahrt aller beitragen".[17]

Nach christlichem Verständnis darf es nicht Ziel der weltwirtschaftlichen Solidarität sein, innerweltlichen Heilshoffnungen den Weg zu bahnen. Auch die größten sozialen Reformen vermögen die Sehnsucht des Menschen nach dauerndem Leben, bleibendem Glück und nie endender Liebe nicht zu stillen; denn der Mensch ist „in seinem Verlangen unbegrenzt und berufen zu einem Leben höherer Ordnung".[18] Es gibt keinen innerweltlichen Ausbruch aus der Endlichkeit und Begrenztheit des Menschen in das Land der endgültigen und ewigen Freiheit. Aber gerade die Hoffnung auf das Kommende ist für den Christen der stärkste Antrieb zum politischen, sozialen und wirtschaftlichen Engagement im Dienst der Freiheit der Kinder Gottes.

Anmerkungen

[1] Enzyklika „Laborem exercens", 14. September 1981, Nr. 18.
[2] Entscheidungen des Bundesverfassungsgerichtes, 4, Seite 120.
[3] Jérome Lejeune, Über den Beginn des menschlichen Lebens, in: Die Herausforderung der Vierten Welt. Köln 1973, Seite 45.
[4] Enzyklika „Quadragesimo anno", 45.
[5] Thomas von Aquin, Summa Theol. II. II. 66, 7.
[6] Pastoralkonstitution „Die Kirche in der Welt von heute", Nr. 69 und 88.
[7] „propter amicitiam et dilectionem inter homines habendam" (Tractatus de contractibus. Köln 1484, Bd. IV. cap. 2., fol. 186a).
[8] In IV. Sent. Paris 1521. Dist. 15, qu. 40, fol. 109. Vergleiche Joseph Höffner, Wirtschaftsethik und Monopole im 15. und 16. Jahrhundert. Jena 1941, Seite 98–99.
[9] Enzyklika „Mater et magistra", 157.
[10] De Indis (Getino II). Madrid 1934, Seite 358 f.
[11] Vergleiche Joseph Höffner, Kolonialismus und Evangelium. 3. Auflage. Trier 1972, Seite 298.
[12] Papst Johannes Paul II. in seiner Homilie bei der Messe im Konzentrationslager Birkenau, 7. Juni 1979.
[13] Enzyklika „Populorum progressio", 11.
[14] Enzyklika über die menschliche Arbeit, 18.
[15] Vergleiche die Pastoralkonstitution des Zweiten Vatikanischen Konzils „Gaudium et spes", Nr. 71.
[16] Ebenda, Nr. 65.
[17] Enzyklika „Mater et magistra", Nr. 172 bis 174.
[18] Pastoralkonstitution „Gaudium et spes", 10.

II. Zur Diskussion: Das Verhältnis der Industrienationen zu den Entwicklungsländern

Gerhard Fels

Wirtschaftliche Entwicklung in Partnerschaft und Solidarität

Die Entwicklungsländer suchen einen Weg, der sie aus Armut und Hunger herausführt. In vielen Ländern resignieren oder verzweifeln die Menschen, weil sie einen solchen Weg nicht sehen. Es kann keine gerechte Welt sein, in der ein Drittel der Bevölkerung im Wohlstand lebt, der Rest aber kaum die Güter besitzt, die zum Leben notwendig sind. Der Unterschied zwischen dem Einkommen eines Europäers oder Nordamerikaners und dem eines Inders oder Schwarzafrikaners ist gewaltig. Auch wenn man statistische Unschärfen, andere klimatische Bedingungen und andere Lebensstile in Rechnung stellt, bleibt ein großes Gefälle bestehen. Die christliche Ethik gebietet uns, den Armen in den Entwicklungsländern zu einem menschenwürdigen Leben zu verhelfen. Auch das Eigeninteresse verlangt dies. Der Nord-Süd-Konflikt überlagert zusehends den Ost-West-Konflikt. Die These, daß die Ungleichheit in der Welt auf Unterdrückung und Ausbeutung zurückgehe, findet immer mehr Anhänger. Es droht eine verstärkte Konfrontation.

Die christliche Antwort auf die Not der Mitmenschen heißt tätige Nächstenliebe. Die Hilfe für die Armen, die private Organisationen, Kirchen und die Staaten leisten, bleibt in Umfang und Wirksamkeit hinter dem zurück, was möglich wäre. Gleichwohl muß man sehen, daß die direkte Entwicklungshilfe nur ein Mittel unter anderen sein kann. In Anbetracht von Massenarmut scheint die Nächstenliebe überfordert zu sein. Die Zahl derer, die in Not sind, ist viel größer als die Zahl derer, die helfen könnten. Die räumliche Distanz zur Armut mindert überdies die Betroffenheit derjenigen, die in der Lage wären, zu helfen. Die Art und Weise, in der vom Staat Entwicklungshilfe geleistet wird, ist zudem äußerst umstritten. Staatliche Entwicklungshilfe – so wird nicht ganz zu Unrecht argumentiert – ist häufig in wenig ertragreiche Projekte geflossen, hat entwicklungsfeindliche Strukturen verhärtet und korrupte Eliten begünstigt. Vor allem deshalb wird in der Hilfe, die kirchliche Stellen und andere private Organisationen leisten, ein besserer Weg gesehen. Aber auch diese Hilfe kann allenfalls die gröbste Not etwas lindern, das Entwicklungsproblem lösen kann sie nicht.

Die Entwicklungspolitik muß darauf gerichtet sein, Bedingungen zu schaffen, unter denen es den Menschen in den Entwicklungsländern möglich ist, für sich selber zu sorgen. Letztlich wird nur der sich in seiner Würde als Mensch bestätigt fühlen, der sich in der Lage sieht, sich selbst zu helfen. Vonnöten ist nicht nur guter Wille, sondern vor allem der Sachverstand von Technikern, Ingenieuren, Landwirten, Unternehmern, Entwicklungsökonomen und anderen Experten. Gefordert ist das Wissen über die Vorbedingungen wirtschaftlicher Entwicklung und die bestmögliche Organisation einer arbeitsteiligen Wirtschaft. Ein Mehr an technischer und ökonomischer Rationalität in der Entwicklungspolitik scheitert oft an ideologischen Vorurteilen und an etablierten Machtstrukturen – in reichen wie in armen Ländern. Und doch gibt es keinen Ersatz dafür.

Rationalität stößt nicht allein auf Widerstand derer, die durch sie ihre Machtbasis gefährdet sehen. Auch vielen wohlmeinenden Menschen ist der Zusammenhang zwischen entwicklungspolitischen Konzepten und der Wohlfahrt der Menschen zu abstrakt. Sie sprechen davon, daß der Mensch und nicht die ökonomische Theorie im Mittelpunkt stehen müssen. Das wäre aber eine falsche Konfrontation. Den Experten, die die Entwicklungsbedingungen verbessern wollen, geht es ebenso um die Menschen wie denen, die direkt helfen wollen. Die Faszination des Unmittelbaren kann nicht Maßstab für den Wert von entwicklungspolitischem Handeln sein. Wirksame Hilfe ist häufig sogar vorübergehend mit Härten verbunden. Auch der Arzt kann einem Patienten nicht immer schmerzlos helfen.

Ein Patentrezept für die Entwicklungsländer gibt es nicht. Die reichen Länder sollten sich davor hüten, ihre eigenen Erfahrungen ungeprüft auf die Entwicklungsländer zu übertragen. Selbst zwischen den marktwirtschaftlich organisierten Industriestaaten gibt es große Unterschiede hinsichtlich des kulturellen Erbes, der Einflüsse des Staates auf die Wirtschaft, der sozialen Sicherung und der Arbeitsbeziehungen. Lehren kann man aber doch aus der Wirtschaftsgeschichte der westlichen wie der östlichen Industrieländer ziehen. Eine marktwirtschaftliche Orientierung der Wirtschaft, die sich dem sozialen Ausgleich der sozialen Sicherung verpflichtet weiß, könnte auch für die Entwicklungsländer ein Leitbild sein. Ein extremer Wirtschaftsliberalismus, der den Prozeß der Kapitalakkumulation auf dem Rücken der arbeitenden Bevölkerung vorantreibt, ist sicher kein Modell für die Dritte Welt, ebensowenig eine sozialistische Zwangswirtschaft, die die Landbevölkerung auspreßt, um die Kapitalbildung für die Industrialisierung zu forcieren. Weltwirtschaftliche Zusammenarbeit und Solidarität ist ein Weg, der den Entwicklungsländern die Bürde eines übergroßen Konsumverzichts abnehmen kann. Die Möglichkeiten der Technik und das Wissen über den Einsatz knapper Ressourcen müßten einen solchen Entwicklungsprozeß eigentlich erlauben. Die Entwicklungsländer können aus den negativen wie positiven Erfahrungen anderer und aus deren Ressourcen Nutzen ziehen. Die Macht kurzfristiger Interessen verhindert freilich allzu häufig, daß die Chancen ergriffen werden.

Wo steht die Weltwirtschaft heute und wo muß die Entwicklungspolitik ansetzen? Die Ölpreisschübe in den siebziger Jahren und die Weltrezession in den frühen achtziger Jahren haben die Entwicklungsländer weit empfindlicher getroffen als die Industrieländer. Hungerkatastrophen in Afrika und die Überschuldung vieler Länder zeigen an, wie sehr sich die Lage zugespitzt hat. Die Industrieländer waren zunehmend mit ihren eigenen Problemen beschäftigt. Die Entwicklungshilfe konnte nicht erhöht, ihre Effizienz nicht wesentlich verbessert werden. Der Protektionismus gegenüber den Entwicklungsländern nahm zu. Die Nachfrage nach den Erzeugnissen der Entwicklungsländer ging zurück. Eine rationale internationale Entwicklungsstrategie ist in diesem Geschehen nicht zu erkennen. Der kräftige Konjunkturaufschwung in Nordamerika hat die Weltwirtschaft 1984 wieder auf einen Expansionspfad gebracht. Die wirtschaftliche Situation in den Entwicklungsländern hat sich etwas entspannt. Dennoch ist die wirtschaftliche Krise in der Dritten Welt noch nicht überwunden. Weite Teile der Welt bleiben auf Nahrungsmittelhilfe angewiesen, die internationalen Rohstoffmärkte liegen noch darnieder, die Schuldenlast drückt unvermindert stark.

Die Krise der Weltwirtschaft hat deutlich werden lassen, wie groß die wirtschaftliche Abhängigkeit in der Welt heute ist. Wenn die Industrieländer es nicht fertigbringen, ihre Beschäftigungsprobleme zu lösen und mit neuen Produkten neue Märkte zu erschließen, blockieren sie die wirtschaftliche Entwicklung in der Dritten Welt. Die Weltwirtschaft gleicht einer Kolonne. Wenn es an deren Spitze zu Stockungen kommt, drohen Kollisionen an ihrem Ende. Mangel an wirtschaftlicher Dynamik ist der Nährboden für den Protektionismus, der den Entwicklungsländern den Zugang zu den Märkten der Industrieländer versperrt. Auch die Agrarordnung der Industrieländer beeinträchtigt die Entwicklungsländer. Die Überversorgung in der EG führt dazu, daß Anbieter aus der Dritten Welt von angestammten Exportmärkten verdrängt werden. Die traditionellen Zuckererzeuger in der Karibik sind Opfer dieser Politik. Die landwirtschaftlichen Produzenten in Entwicklungsländern müssen überdies auf dem Weltmarkt mit den staatlich im Preis herabsubventionierten Erzeugnissen aus den europäischen Industrieländern konkurrieren. Indien, das dank der grünen Revolution und einer produktorientierten Agrarpolitik zu einem Überschußproduzenten bei Getreide geworden ist, stößt auf verstopfte Weltmärkte, wenn es Getreide exportieren will.

Die Industrieländer sind gefordert, den wirtschaftlichen Strukturwandel ungehindert ablaufen zu lassen. Werden mit Erhaltungssubventionen Branchen unterstützt, die eigentlich schrumpfen müßten, weil Entwicklungs- und Schwellenländer mit ihren billigeren Konkurrenzprodukten auf den Markt drängen, ist dies auch eine Form des Protektionismus. Entwicklungsländer werden geschädigt, ohne daß dies einer breiteren Öffentlichkeit bewußt ist. Behinderung des Strukturwandels heißt, daß in Industrieländern Produkte hergestellt werden, bei denen die Industrieländer ihre Wettbewerbsvorteile verloren haben. Nur wenn sich die hochentwickelten Länder auf jene Bereiche konzentrieren, in denen der Einsatz von hohem technischen Wissen und Humankapital erforderlich ist, orientieren sie sich nach ihren komparativen Vorteilen und schaffen damit Platz für die Integration der Schwellen- und Entwicklungsländer in die weltwirtschaftliche Arbeitsteilung.

Das notwendige Gegenstück zu einer an Marktöffnung und Strukturwandel orientierten Wirtschaftspolitik der Industrieländer ist eine Politik in den Entwicklungsländern, die die eigenen Produktivkräfte fördert. Entwicklungsländer müssen sich darum mühen, als guter Standort zu gelten. Kapital sammelt sich dann von selbst. Umgekehrt hat sich gezeigt, daß Länder, die nach den Ölpreisschüben plötzlich über viel Geld verfügten, das Entwicklungsproblem noch lange nicht gelöst hatten. Wirtschaftliche Entwicklung umfaßt viel mehr als den Kauf teurer

Maschinen und Anlagen. Investitionen in das Erziehungs-, Ausbildungs- und Gesundheitswesen, in das Verkehrssystem und die ländliche Infrastruktur sind Vorbedingungen für einen Aufschwung in Industrie und Landwirtschaft.

Eine marktwirtschaftliche Ausrichtung der Wirtschaftspolitik hat sich als entwicklungsfördernd erwiesen. Durch dirigistische Staatseingriffe und durch Inflation verzerrte Güterpreise, Löhne, Wechselkurse und Zinsen stören den nationalen Wirtschaftskreislauf und verhindern, daß die Bevölkerung ausreichend versorgt wird. Es gibt eine lange Liste von entwicklungspolitischen Fehlentwicklungen, die einfach damit zusammenhängen, daß die Regierungen von Entwicklungsländern die ökonomischen Gesetze mißachtet haben. Knappes Kapital ist in den Aufbau kapitalintensiver Industrien geflossen, die nicht ausgelastet sind und subventioniert werden müssen. Die Leichtindustrie, das Handwerk und die Landwirtschaft sind darüber vernachlässigt worden mit der Folge, daß im Zuge der Industrialisierung nur wenige Arbeitsplätze entstanden und dennoch eine starke Landflucht einsetzte. Inflation, defizitäre Staatshaushalte und eine korrupte Bürokratie leisten der Kapitalflucht Vorschub. Solche Umstände ermutigen auch nicht gerade ausländische Direktinvestitionen. Wer legt schon sein Geld in einem Land an, in dem nicht einmal die eigenen Bürger ihr Geld lassen wollen. Das Verschuldungsproblem vieler Länder wäre längst nicht so gravierend, wenn die im Ausland aufgenommenen Kredite für Investitionen im Land genutzt worden wären.

Eine Reihe von sogenannten Schwellenländern, vor allem in Südostasien, hat der Welt gezeigt, daß mit marktwirtschaftlichen Mitteln durchaus entwicklungspolitische Erfolge zu erreichen sind. Gemeinsam ist diesen Ländern, daß sie ihre Unternehmen der internationalen Konkurrenz aussetzen und die Preisrelationen durch staatliche Eingriffe möglichst wenig verzerren. Überdurchschnittliche Erfolge bei der Steigerung des Pro-Kopf-Einkommens und des Exportvolumens weisen nicht nur Hongkong, Singapur, Taiwan und Süd-Korea auf, sondern inzwischen auch die Schwellenländer der zweiten Generation. Es handelt sich in Asien um Malaysia, die Philippinen und Thailand sowie um die Türkei, Zypern, Jordanien, Tunesien und Kolumbien. Wären die Märkte der Industrieländer offener gewesen, hätten sicherlich noch mehr Entwicklungsländer den Weg einer exportorientierten Entwicklung beschreiten können.

Eine nachhaltige Verbesserung der ökonomischen Situation in den Entwicklungsländern, besonders eine Erhöhung des Nahrungsmittelangebotes für die heimische Bevölkerung, kann nur von der Landwirtschaft ausgehen. Ende der siebziger Jahre erreichten nur 13 von 48 afrikanischen Ländern eine Kalorienversorgung ihrer Einwohner, die 100 Prozent des Bedarfs entsprach oder darüber hinausging. Es gilt daher als vordringlich, die ländliche Entwicklung zu fördern. Die Erfahrung hat gezeigt, daß das beste Mittel zu diesem Zweck ist, den Bauern Preise für ihre Erzeugnisse zu zahlen, die sie zu vermehrter Produktion anreizen. Höchstpreise, die in der Regel immer unter dem Gleichgewichtspreis liegen, mögen aus Gründen einer billigen Nahrungsmittelversorgung der städtischen Bevölkerung scheinbar naheliegend sein. Sie verhindern jedoch, daß Nahrungsmittel in genügendem Umfang bereitgestellt werden. Sozial ist nur eine Politik, die eine ausreichende Ernährung sicherstellt. Wie preisreagibel sich Bauern auch in Entwicklungsländern verhalten, zeigt das Beispiel der Kakaopreise in Kamerun, Ghana und Nigeria. In diesen Ländern wurden die Kakaopreise lange Zeit auf einem niedrigen Niveau festgesetzt. Die Folge war, daß die Produktion beträchtlich zurückging. Als die Regierung in Kamerun 1978 die Kakaopreise stark erhöhte, brachten die beiden folgenden Ernten eine Umkehr des Produktionstrends. Neben Indien hat auch China mit einer Verbesserung der Anreize für die Bauern gute Erfahrungen gemacht. Den

Landwirten ist es gestattet, Ernteerträge, die über die Menge hinausgehen, die aufgrund vertraglicher Verpflichtungen an den Staat abzuliefern sind, auf den freien Märkten zu verkaufen. So konnte das Wachstum der landwirtschaftlichen Produktion beträchtlich gesteigert werden.

Zur Förderung der landwirtschaftlichen Produktion gehört auch die Verbesserung der Infrastruktur, damit eine reibungslosere Verteilung der Agrarprodukte erfolgen kann. Denn was nützt die Ausweitung der Nahrungsmittelerzeugung, wenn die Produkte nicht dort hingelangen können, wo sie benötigt werden. Selbst in den Ländern der Sahel-Zone sind die Transport- und Lagerungsprobleme gravierender als das Ernteproblem. Von großer Bedeutung ist eine Agrarreform, die die Besitzverhältnisse eindeutig regelt und vor allem Kleinbauern zu Nutzböden verhilft. Die Weltbank hat in ihrem Weltentwicklungsbericht 1982 darauf hingewiesen, daß Kleinbauern in der Regel auf jedem Hektar größere Erträge erwirtschaften als landwirtschaftliche Großbetriebe.

Natürlich läßt sich die landwirtschaftliche Produktion nicht innerhalb kürzester Frist nachhaltig steigern. Wenn es weiterhin zu Hungersnöten kommen sollte, ist eine rasche Nahrungsmittelhilfe der Industrieländer unbedingt erforderlich. Nahrungsmittelhilfe kann aber keine Dauereinrichtung sein. Die entwickelten Staaten dürfen Katastrophenhilfe nicht als Ventil mißbrauchen, ihre eigenen Überschüsse loszuwerden. Denn eine dauerhafte Nahrungsmittelhilfe macht die Entwicklungsländer nicht nur in hohem Maße von den Industrieländern abhängig. Sie schadet auch der landwirtschaftlichen Produktion vor Ort. Wenn Nahrungsmittel aus dem Ausland unentgeltlich zur Verfügung gestellt werden, vermindern diese die Absatzmöglichkeiten und damit die Einkommen der Landwirte in den Entwicklungsländern. Dies hat zur Folge, daß der Anbau landwirtschaftlicher Produkte in diesen Ländern zurückgeht.

Die Weltwirtschaftskrise der achtziger Jahre hat den Entwicklungsprozeß in vielen Teilen der Welt unterbrochen. Die verschuldeten Entwicklungsländer sind harten Anpassungsprozessen unterworfen. Weil ihnen zunächst eine Ausweitung ihrer Exporte wegen des darniederliegenden Welthandels nicht möglich war, reduzierten sie ihre Importe drastisch. Erst 1984 haben sich die Exporte wieder erhöht, übertrafen aber beispielsweise im Falle der südamerikanischen Länder den Stand von 1981 nur geringfügig. Die internationale Verschuldungssituation wird auch dadurch belastet, daß die Bereitschaft der Banken zu Neuausleihungen stark nachgelassen hat. Nach Angaben der Bank für Internationalen Zahlungsausgleich gingen 1984 erstmals seit dem Ölschock 1973 die Nettoforderungen der an die BIZ berichtenden Banken gegenüber den Nicht-OPEC-Entwicklungsländern Lateinamerikas um fast 8 Milliarden Dollar zurück. Die Sanierungserfolge in den großen lateinamerikanischen Ländern können sich allerdings sehen lassen. Freilich trifft zunehmender Protektionismus die verschuldeten Entwicklungsländer bei ihren Bemühungen, ihre Exporte auszuweiten, um die Erlöse für den Schuldendienst zu verdienen.

Eine Lösung des Schuldendilemmas ist sicher nicht von heute auf morgen zu erreichen. Die expansive amerikanische Wirtschaftspolitik seit 1982 hat die Weltwirtschaft möglicherweise vor einer Depression bewahrt, die zu einem Kollaps des internationalen Finanzsystems geführt hätte. Es ist Zeit gewonnen worden. Das Verschuldungsproblem ist lösbar, wenn die Industrieländer auf dem Pfad des wirtschaftlichen Wachstums bleiben. Da die Inflation in der Welt unter Kontrolle ist, erscheint dies möglich. Es ist aber notwendig, daß die Vereinigten Staaten ihr Haushaltsdefizit zurückführen und die europäischen Länder ihre Sklerose bekämpfen, die sie an mehr wirtschaftlicher Dynamik hindert. Den Entwicklungsländern wird am besten geholfen, wenn ihnen die Märkte in den Industrieländern geöffnet werden. Sie müssen aber auch selbst für verläßlichere Investitionsbedingungen innerhalb ihrer eigenen Grenzen sorgen. Die Entwicklungshilfe sollte stärker als internationale Sozialpolitik verstanden, also dort eingesetzt werden, wo Menschen in Not sind und sich nicht selbst helfen können. Die Hilfe privater Organisationen, vor allem der Kirche, verspricht die größte Wirksamkeit. Hoffnungsvoll stimmt, daß in der Weltwirtschaft trotz der noch nicht überwundenen Krise wieder Optimismus aufkommt. Um die Forderungen nach einer dirigistischen Weltwirtschaftsordnung ist es nach den Erfahrungen der letzten Jahre ruhig geworden. Die Katastrophentheorie des Club of Rome ist einer zuversichtlicheren Betrachtungsweise gewichen, seitdem sich die Lage an den Öl- und Rohstoffmärkten entspannt hat und große Länder wie Indien und China gewaltige Fortschritte in der Agrarproduktion erzielt haben. Es ist nicht ein Mangel an natürlichen Ressoucen, der den Entwicklungsprozeß blockiert, es ist vielmehr der Mangel an wirtschaftlichem Ordnungsdenken, an weltwirtschaftlicher Partnerschaft und Solidarität.

Gabino A. Mendoza

Zusammenhänge zwischen der weltwirtschaftlichen Entwicklung und der einzelstaatlichen Wirtschaftsentwicklung am Beispiel der Philippinen

„Ab uno disce omnes." Meine Professoren auf der Universität warnten mich schon vor langer Zeit vor diesem Trugschluß. Ziehe keine allgemeinen Schlüsse aus einem Beispiel! „Eine Schwalbe macht noch keinen Sommer." Und doch haben mich heute die Veranstalter dieser Konferenz gebeten, eine Parallele zwischen der weltweiten Entwicklung, den „omnes", und der einer Nation, den Philippinen, dem „uno", zu ziehen. Aufgrund meiner tollkühnen Veranlagung, die mich dazu bringt, dort voranzugehen, „wo Engel nicht wagen würden, den Fuß hinzusetzen", beschloß ich, mich über die Lehren meiner weisen, alten Mentoren hinwegzusetzen und den Versuch zu machen, dem Wunsch unserer Gastgeber nachzukommen.

Mein Land, die Philippinen, zählt vielleicht 53 Millionen Filipinos, die jährlich um 2,4 Prozent zunehmen; im Jahre 2000 wird dies eine Bevölkerung etwa 80 Millionen Filipinos ergeben.

Die meisten Filipinos leben in Armut. In einer sehr neuen Umfrage zeigte es sich, daß 87 Prozent an der Armutsgrenze oder noch darunter liegen. Sie leiden an Unterernährung. Sie sind in winzige, windschiefe Behausungen gepfercht: nur in jedem fünften Haus gibt es fließendes Wasser, in jedem vierten eine Toilette mit Wasserspülung, in jedem dritten elektrisches Licht. Da sie unterernährt sind und im Schmutz leben, leiden sie an

Infektionskrankheiten, Parasitosen und Erkrankungen der Atemwege – den Krankheiten der Armen. Ihre Lebensqualität wird aber vor allem dadurch entscheidend gemindert, daß sie in Angst leben müssen: sie fürchten sich nicht nur vor Verbrechern und kommunistischen Untergrundkämpfern, sondern auch vor der Polizei und dem Militär. Und nicht ohne Grund: Priester, Reporter, Rundfunkkommentatoren, Bürgermeister, Gouverneure und, was schlimmer ist, gewöhnliche Bürger wurden während der letzten Monate in so großer Zahl festgehalten, zusammengeschlagen, entführt und umgebracht, daß die katholischen Bischöfe einen Hirtenbrief veröffentlichen, in dem sie diese Gewalthandlungen anklagten. Während unserem Volk wirklich alle Grund- und Menschenrechte genommen sind, steht dazu in scharfem Kontrast das luxuriöse Leben der sehr wenigen Reichen des Landes. Die führenden 2,5 Prozent unserer Gesellschaft geben zusammen genommen so viel aus wie die unteren 50 Prozent, eine schockierende Kluft in der Verteilung von Vorteilen und Belastungen.

Diese Ungleichheit in der philippinischen Gesellschaft läßt sich auf viele Ursachen zurückführen, von denen die meisten in der Geschichte wurzeln. Die genannte Kluft hat sich jedoch deshalb so vertieft, weil die Armen nicht die Macht haben, an Entscheidungen teilzunehmen, die ihr Leben grundlegend beeinflussen. Sie sind zu arm, um eine ordentliche Ausbildung zu erhalten; ohne Ausbildung sind sie jedoch auf das Wohlwollen anderer angewiesen, um ihre grundlegenden Bedürfnisse befriedigen zu können. Und weil sie von so vielen Menschen abhängen, müssen sie geduldig und freundlich und nachgiebig ... und schwach sein; sie sind eine leichte Beute für die Reichen, Gebildeteren, Skrupelloseren und Mächtigen.

Somit hält also die bessere Ausbildung die Elite an der Macht und den Bauern in seiner Armut, wozu noch eine besondere Form asiatischer Geduld und Toleranz kommt, die sich in zwei

Ausdrücken wiedergeben läßt: „pasiencia lang" und „bahala na". Solange die Armen nicht die Macht und den Willen haben, aus ihrer Unwissenheit aufzustehen und vor den Arbeitgebern, den Gerichten, den mächtigen Gruppierungen des Landes als Gleiche aufzutreten, wird die philippinische Gesellschaft die ungerechten Strukturen beibehalten, die sie seit Jahrhunderten aufweist.

Seit kurzem besteht jedoch Anlaß zur Hoffnung. Vor zwei Jahren kehrte ein Mann namens Ninoy Aquino in die Philippinen zurück. Als er das Flugzeug verließ, wurde er erschossen. Der Mord an ihm empörte das philippinische Volk so sehr, daß es zu einer politischen Vertrauenskrise kam und ein schwerwiegender wirtschaftlicher Zusammenbruch die Folge war, wobei beide Entwicklungen noch nicht abgeschlossen sind. Regierungsfeindliche Demonstrationen, Generalstreiks, Massenversammlungen zur Verurteilung der diktatorischen Herrschaft und der Bestechlichkeit der Beamten, Versuche der Opposition im Kongreß, den Präsidenten anzuklagen, und bewaffnete Zusammenstöße zwischen der Neuen Volksarmee der Kommunisten und dem Militär wühlen noch heute, zwei Jahre danach, das Land auf. Die Wirtschaft leidet immer noch unter den Folgen der Unfähigkeit der Regierung, ihre Auslandsschulden zu bezahlen oder eine massive Kapitalflucht, eine galoppierende Inflation, das Schrumpfen der Inlandsmärkte, die gnadenlose Konzentration im Bankensystem, die Massenarbeitslosigkeit und den Rückgang des BSP zu verhindern.

Es gibt das spanische Sprichwort „no hay mal que por bien no venga" („Es ist an allem etwas Gutes"). Es mag unglaublich erscheinen, aber aus diesem politischen und wirtschaftlichen Zusammenbruch, dieser völligen Katastrophe, entsteht zur Zeit etwas Gutes: der Anfang einer stärker auf Partizipation, Demokratie, Gerechtigkeit und christliches Denken ausgerichteten philippinischen Gesellschaft.

Der Mann auf der Straße sagt nicht mehr „pasiencia lang" oder „bahala na", sondern ruft „Gerechtigkeit für Aquino, Gerechtigkeit für alle". Ihm geht es nicht mehr nur um das Überleben. Früher wollte er in Ruhe gelassen werden, um in den schmutzigen Straßen der Stadt, auf den Haciendas der Reichen, auf seinem eigenen Bauernhof in Briefmarkenformat sein Leben zu fristen. Die Regierung war für ihn der Polizist an der Ecke, der ihm „Geld für 'nen Kaffee" abpreßte, der Bürokrat in der Ankaufsstelle, der sich dafür entschuldigte, ihm seine landwirtschaftlichen Produkte aus „Geldmangel" nicht pünktlich bezahlen zu können, der Politiker, der zu Wahlzeiten Stimmen kaufte. Das Geschäft machte der fast stets abwesende Grundbesitzer, der nur zur Erntezeit zum Abkassieren kam, der Wucherer, der einem schnell etwas gab, aber mit der Rückzahlung nie zufrieden war. Und die Kirche war der Priester im „Convento" weit weg in der Stadtmitte, der immer zuviel zu tun hatte, als daß er in der nahegelegenen Vorortkapelle im „Barrio" die Messe lesen konnte. Aber Juan de la Cruz akzeptierte das. So hatte er es immer gesehen. Das Leben war nun einmal schwierig, ein Tal der Tränen. Er mußte mit sehr wenig zurechtkommen. Manchmal mußte er sogar auf das Essen verzichten. Aber wenigstens, so sagte er sich, mußten er und seine Familie nie wirklich hungern. Das ist nicht mehr so.

Heute ist der Hunger ein Gespenst, das die Elendsviertel der Armen und die Bauern im Hinterland der Philippinen heimsucht. Der fast völlige Zusammenbruch der Zuckerrohrwirtschaft hat allein auf der Insel Negros 400 000 Arbeitern die Stelle gekostet, womit zwei Millionen Menschen das Einkommen geschmälert worden ist. Die spindeldürren Gliedmaßen, die aufgedunsenen Bäuche, die hervorstehenden Augen, die man einstmals bei den Kindern in der Sahelzone sah, kann man nun auf unseren Inseln erblicken.

Die Armen beginnen sich zu erheben. Aus Angst vor dem Verhungern haben sie ihre überkommene Toleranz und Fügung in das Schicksal abgelegt und beginnen sich zu rühren. Sie haben erstmals verstanden, daß ihre Stärke in ihrer großen Zahl liegt.

Hier ein Beispiel: 337 Reisbauernfamilien der Stadt San Simon organisierten sich und bildeten eine Vereinigung, die mit einem örtlichen Geschäftsmann verhandelte, der horrende Gebühren für die Nutzung seiner Bewässerungspumpe verlangte und ihnen Geld zu Wucherzinsen lieh. Ihre Bemühungen waren vergebens. Sie wandten sich an die Mother Rosa Memorial Foundation (Mutter-Rosa-Gedächtnisstiftung), die ihnen dabei half, einen Kredit für den Kauf einer eigenen Pumpe zu bekommen, ihre Bewässerungskanäle instandzusetzen und ihren Kauf von anerkanntem Saatgut und Düngemitteln zu finanzieren. Die Produktivität auf den Bauernhöfen nahm um 40 Prozent zu, und die Landwirte konnten ihre Kredite zurückzahlen. Seitdem haben sie andere Gemeinschaftsprojekte durchgeführt, unter anderem christliche Bildung, Führungsschulung, Erziehung, Gesundheit und den Bau eines Lagerhauses für ihre Erzeugnisse. Mittlerweile sind sie eine Gemeinschaft, die sich selbst trägt. Hunderte derartiger Gemeinschaftsprojekte sind im Lande aufgebaut worden. Immer mehr Arme entwickeln ihre Fähigkeit, sich durch Zusammenschluß, Stärkung des moralischen Rückgrats der Gemeinschaft, ihres Selbstwertgefühls, Steigerung ihrer Produktivität, Senkung der Geburtenziffern, Verbesserung ihres Gesundheitszustandes und Weiterentwicklung ihrer politischen Fähigkeiten unabhängig zu machen, damit sie mit der Regierung und der Geschäftswelt nicht als Bittsteller, sondern als gleichberechtigte Partner verhandeln können.

Ein ähnlicher Wandel hat auch die Geschäftswelt erfaßt.

Die Geschäftsleute waren gewöhnlich nur an Gewinn und dem Überleben ihrer Unternehmen interessiert. Sie verschmähten eine Beteiligung an der Politik, die sie als „ein nur für Politiker gemachtes schmutziges Spiel" abtaten. Und obwohl sie gelegentlich freigebig Geschenke an die Armen verteilten, meinten sie doch, die Lösung des Problems der Armut sei die Aufgabe der Regierung und nicht ihre.

Heute ist das anders! Banker und Börsenmakler, Händler und Industrielle marschieren durch die Straßen und Parks des zentral gelegenen Geschäftsviertels und protestieren gegen die willkürliche Nutzung der Machtfülle der Exekutive zur Anhäufung gewaltiger persönlicher Reichtümer im Inland und in Übersee, den rücksichtslosen Einsatz des Militärs, um abweichende Meinungen zu ersticken, die Entmachtung der gesetzgebenden Körperschaften, die Bestechlichkeit der Gerichte und die Zerstörung des moralischen Gefüges der Nation. Von bleibenderem Wert ist vielleicht aber die Erkenntnis sehr vieler führender Wirtschaftsvertreter, daß die Probleme der Armut, der Ungerechtigkeit und der Machtlosigkeit der Armen ihre eigenen Probleme sind. Sie haben erkannt, daß die Wirtschaft nicht wachsen kann, wenn nicht die Armen wohlhabender werden, sich irgendwann die Güter und Dienstleistungen leisten können, die die Geschäftswelt herstellt, und Märkte bilden können, die die Industrie und der Handel bedienen können.

Über Binsenweisheiten hinaus sind sie zum Handeln übergegangen. So haben zum Beispiel Gruppen von Pflanzern auf der Insel Negros private Landreformprogramme ins Werk gesetzt, durch die ihre Pächter Land erhalten sollen, das sie zur Deckung ihres persönlichen Ernährungsbedarfs bestellen können. Vorstandsvorsitzende von Unternehmen in Makati arbeiten an einer Kampagne, durch die die Kluft zwischen den Gehältern der Unternehmensführung und denen der einfachen Angestellten verringert werden soll. Die Ayala-Stiftung hat ein Fernlehrprogramm entwickelt, das möglichst vielen Armen eine hochwertige Bildung ermöglichen soll. Viele andere von der Geschäftswelt errichtete Stiftungen, wie das Philippine Business for Social Progress, unternehmen beträchtliche Bemühungen, um armen Gemeinden im städtischen wie im ländlichen Bereich dabei zu helfen, für ihre Einwohner mehr Beschäftigungsmöglichkeiten und besseren Zugang zu Land, geeigneter Technologie, Kapital für Bewässerungssysteme, landwirtschaftlichen Betriebsmitteln, Nacherteeinrichtungen, Rohstoffen und Ausrüstungen für die ländliche Industrie und gerechte Märkte für ihre Produkte zu bekommen.

Auch die Kirche hat sich gewandelt, und zwar ganz beträchtlich. Drei Jahrhunderte lang hing die Kirche mit all ihren Bedürfnissen von der spanischen Krone ab. Als die Amerikaner ins Land kamen, verlor die Kirche diese Unterstützung. Ihr finanzielles Dach stürzte ein, und gleichzeitig auch viele Kirchendächer. Die Kirche war gezwungen, sich an die Reichen zu wenden, um nicht zu sagen, die Reichen zu umschmeicheln, um die Mittel zu erhalten, die sie für die Aufrechterhaltung des kirchlichen Lebens benötigte. Es war ein notwendiges Übel. Ein Übel deshalb, weil es die Kirche mit den Reichen gleichsetzte, selbst wenn die Kirche im Grunde keine andere Wahl hatte.

Der oberflächliche Beobachter muß den Eindruck gehabt haben, der Kirche sei es im wesentlichen darum gegangen, die Seelen der Mächtigen und Reichen, der Gefallenen dieser Welt anstelle der Lazarusse, zu erretten. Die Bischöfe in ihrem purpurnen Ornat erörterten wichtige Angelegenheiten mit Präsidenten, Gouverneuren und Industriemagnaten, während die gewöhnlichen Dorfpriester, die oft ärmer waren als ihre eigenen Schäfchen, in ihren „Conventos" blieben und die Arbeit ihrer Gemeindeorganisationen leiteten, deren Mitglieder weitgehend aus der Elite der jeweiligen Stadt bestanden. Ihr einziges Anliegen war die Befreiung der Menschen von der Sünde. Die Aufgabe, sie von der Ungerechtigkeit, der Armut, der Unterdrückung und der Hoffnungslosigkeit zu befreien, überließen sie anderen.

So tauften sie Säuglinge, lasen die Messe, nahmen die Beichte ab, waren bei Hochzeiten dabei, erteilten die letzte Ölung, segneten die neuen Häuser der Reichen und hatten wenig Zeit oder Sinn für irgend etwas anderes.

Das Zweite Vatikanische Konzil änderte dies alles. Langsam, einem gewaltigen Schiff vergleichbar, das sich dreht, um seinen Kurs zu ändern, begann die Kirche sich auf die Probleme der Armen zu konzentrieren. Sie sah ihre Rolle nicht nur in der Befreiung der Menschen von der Sünde, sondern auch von der Tyrannei, der Ungerechtigkeit, der Unterdrückung und der Armut.

Eine neue Theologie war geboren, die Theologie der Befreiung, die die Notwendigkeit und die Gerechtigkeit einer Haltung betonte, die darin bestand, allen Menschen die grundlegenden Menschenrechte zu gewähren: das Recht auf Leben und Freiheit, die Würde der Arbeit, einen gesunden Arbeitsplatz, einen gerechten Lohn, gesundheitliche Versorgung, eine saubere Umwelt, die Schönheit der Natur. Das ist wirklich die frohe Botschaft, das Evangelium.

Heute, da das Leben auf den Philippinen härter geworden ist, hat sich der Rhythmus des Wandels beschleunigt. Die Kirche ist nun die Kirche der Armen, der Unterdrückten, der Erniedrigten, doch sie gehört keiner politischen Partei, und es steht ihr frei, sich gegen alle zu äußern. Zahllose Priester und Nonnen teilen das Leben der Armen, erleben ihr Leiden, ertragen ihre Entbehrungen. Sie helfen ihnen dabei, Gewerkschaften, Kredit- und Absatzgenossenschaften, Bewässerungsvereine, Müttervereine, Jugendorganisationen und christliche Basisgemeinden aufzubauen. Sie sind als Streikposten bei ihnen, marschieren an ihrer Seite bei Demonstrationen, leiden mit ihnen, wenn sie mit Wasserwerfern angegriffen, mit Tränengas erstickt, mit der chemischen Keule geblendet, mit Gummiprojektilen beschossen und mit Handgranaten in die Luft gesprengt werden. Viele von ihnen sind entführt, liquidiert und verstümmelt worden, weil sie für die Menschenrechte der Armen eintraten.

Aus meiner Sicht aber finden die dauerhaften und bedeutsamen Veränderungen in der Kirche in weniger dramatischer Form statt. In recht vielen Diözesen, in Hunderten von Gemeinden, werden Tausende von christlichen Basisgemeinden gebildet, davon viele in den Elendsvierteln und in entlegenen ländlichen Barrios, die als Teil einer neuen Strategie der Evangelisierung und Gemeindeorganisation gehegt und gepflegt werden. Die Armen werden in die Leitung der Kirche eingebunden. Sie erhalten eine Verantwortung für die Vertiefung ihres eigenen Lebens als Betende. Ihnen wird gezeigt, wie sie geistliche Aktivitäten ihrer Gemeinde und bisweilen sogar ihre wirtschaftlichen, sozialfürsorgerischen und politischen Aktivitäten bewerkstelligen können. Sie werden aufgefordert, an der Leitung der Kirche teilzuhaben, weil endlich anerkannt worden ist, daß sie die Kirche sind.

Die heute unter den Armen, in der Geschäftswelt und in der Kirche stattfindenden Veränderungen stellen somit nur ein vages, wenn auch echtes Versprechen einer besseren philippinischen Gesellschaft dar. Es ist vage, obzwar bedeutsam, aber es stellt erst einen Anfang dar. Es wird Zeit, Geduld, Entschlossenheit und das, was die Amerikaner „immer am Ball bleiben" („stick-to-itiveness") nennen, erfordern, damit diese Veränderungen Wurzeln schlagen, sich verbreiten und das Wesen und die Bestrebungen der Nation beeinflussen. Das Endziel ist natürlich der Aufbau eines philippinischen Staates, in dem produktive landwirtschaftliche Betriebe und Fabriken große, starke Märkte beliefern, in dem jeder erwachsene und gesunde Bürger die gleiche Gelegenheit erhält, zur Produktivität der Gesellschaft beizutragen und gerecht an ihren Gewinnen beteiligt zu werden, in dem alle Bürger aktiv an einem Entscheidungsprozeß beteiligt werden, der ihr Leben betrifft, wodurch gewährleistet wird, daß die menschlichen, politischen und wirtschaftlichen Rechte durch den Staat anerkannt und geschützt werden.

Wenn wir nun zu den Problemen der weltweiten Entwicklung kommen, so fällt zuerst die geradezu unwahrscheinliche Ähnlichkeit auf, die diese Probleme und ihre möglichen Lösungen mit denen auf den Philippinen gemeinsam haben.

Zuerst einmal zur Armut:

Die meisten Länder der Welt sind arm; ihre Einwohner leben in bitterer Armut. 1976 schätzte die Internationale Arbeitsorganisation, daß „vielleicht 1,210 Milliarden Menschen – zwei Drittel der Bevölkerung der nichtkommunistischen Entwicklungsländer –‚ausgesprochen arm'" wären, was bedeutete, daß sie unterhalb der Armutsgrenze lebten. „Von dieser Gesamtzahl waren an die 700 Millionen Menschen oder 40 Prozent der Einwohner völlig mittellos, das heißt erhielten weniger als die Hälfte des der Armutsgrenze entsprechenden Einkommens."

Wie die Philippinen, so leidet auch die Völkerfamilie der Welt im allgemeinen unter der Ungerechtigkeit. Paul Harrison drückte es folgendermaßen aus: „Die Einkommensverteilung auf der Welt ist ungleicher als selbst die groteskeste ungerechte Verteilung in einem einzelnen Land. 1976 lebten nur 24 Prozent der Weltbevölkerung in den Industrieländern, doch wurden dort 78 Prozent des Einkommens bezogen. Die Entwicklungsländer – 76 Prozent der Menschheit – erhielten nur 22 Prozent des Einkommens." Dementsprechend leben die Bürger verhältnismäßig weniger Nationen im Luxus, während die überwältigende Mehrheit große Entbehrungen erleidet.

Diese Ungleichheit in der Weltwirtschaft ist auf viele Ursachen zurückzuführen, von denen die meisten in der Geschichte wurzeln. Daß diese Ungleichheit aber immer noch besteht und daß sich die Kluft immer mehr vertieft hat, ist weitgehend darauf zurückzuführen, daß die armen Länder nicht die Verhandlungsmacht aufbringen können, die es ihnen ermöglichte, an Entscheidungen teilzuhaben, die ihr wirtschaftliches Geschick nachhaltig bestimmen. Wegen ihrer Armut und der schamlosen Bereitschaft der multinationalen Großbanken, ihnen während des letzten Jahrzehnts mehr Geld zuzuschieben, und, um offen zu sein, vielfach auch wegen der selbstsüchtigen Gier ihrer eigenen Führer haben sie heute unter einer drückenden, wachsenden Schuldenlast zu leiden. Weil darüber hinaus mehr von ihnen Rohstoffe an die wenigen entwickelten Länder verkaufen wollen, von denen sie Fertigwaren kaufen, haben sie unter immer ungünstigeren Austauschrelationen zu leiden. Sollte es ihnen dann durch eine Art moralisches Wunder dennoch gelingen, ihre Rohstoffe zu Fertigwaren weiterzuverarbeiten oder, wiederum durch gewaltige Anstrengungen, die erforderlichen fachlichen und unternehmerischen Fertigkeiten, die Technologie und die Investitionsgüter anzusammeln, die für die Herstellung von Waren nötig sind, die sie bisher von den entwickelten Ländern gekauft hatten, so errichten die entwickelten Nationen zumeist protektionistische Handelsschranken, um einen Export und den Verkauf dieser Güter auf den Märkten der entwickelten Welt zu verhindern. In der Zwischenzeit zwingen sie, weil sie nicht in der Lage sind, genügend Devisen zu verdienen, um ihre Schulden zu tilgen, der Internationale Währungsfonds und ihre Gläubiger, eine Wirtschaftspolitik und Maßnahmen durchzuführen, die ihr Volk weiter verarmen lassen und seine Lebensqualität senken.

Die Armen der Welt, die seit unvordenklichen Zeiten unter der harten Wirklichkeit ihrer geographischen Lage und ihres Klimas zu leiden hatten, werden also dadurch arm gehalten, daß man ihnen alle Vorteile nimmt, die Fortschritt bedeuten: Zugang zu Märkten für ihre Produkte, Kapital, Technologie, Bildung und politische Macht. Sie sind die stummen Bauern auf dem Schachbrett dieser Welt.

Bevor ich jedoch fortfahre, möchte ich in aller Öffentlichkeit und mit allem Nachdruck, damit mich keiner mißversteht, sagen, was ich denke: der erste Schritt zur Lösung der grundlegenden Probleme der Entwicklungsländer liegt ganz einfach bei diesen Ländern selbst. Gott hilft dem, der sich selbst hilft. Wenn sich die am stärksten Benachteiligten nicht selbst helfen, wird es niemand anders tun.

Was ergibt sich daraus?

Zuerst einmal muß jedes der Entwicklungsländer sein eigenes Haus in Ordnung bringen. Das bedeutet:

Der Grundstruktur der eigenen Gesellschaft muß ein starker moralischer und ethischer Code vermittelt werden, der auf einer tief verwurzelten Achtung vor den Menschenrechten und der Menschenwürde beruht. Ohne diesen, wie John Locke schon vor zwei Jahrhunderten lehrte, verfällt eine Gesellschaft sehr schnell, so daß die Bestechlichen, die Skrupellosen und die Rücksichtslosen herrschen und das Gesetz des Dschungels sich durchsetzt.

Es geht um die Entwicklung eines Bildungssystems, das den Armen gleiche Möglichkeiten bietet, und um die Verabschiedung einer Politik, die eine gerechtere Einkommens- und Erlösverteilung fördert. Hierdurch werden das ganze Potential des Volkes mobilisiert, die Produktivität der Nation optimiert, ihre Inlandsmärkte erweitert und letzten Endes auch die Lebensqualität aller in der Gesellschaft verbessert.

Förderung wirksamer, moralisch vertretbarer und sozial verantwortbarer Familienplanungsprogramme, die die Schnelligkeit des Bevölkerungswachstums drosseln. Alle bisherigen Erfahrungen während der letzten Jahrzehnte haben uns vor Augen geführt, welches Elend und welcher Hunger durch ungezügeltes Bevölkerungswachstum heraufbeschworen werden.

Schließlich: gelebtes Mitgefühl für die Schwachen und Benachteiligten in der Gesellschaft. „... denn was ihr getan habt einem unter diesen meinen geringsten Brüdern, das habt ihr mir getan."

Zum zweiten müssen die Entwicklungsländer erkennen, daß sie ohne Zusammenarbeit nie stark genug sein werden, wirksam mit den entwickelten Ländern zu verhandeln. Die Verwirklichung dieser Einheit ist jedoch leichter gesagt als getan. Sie erfordert ein hohes Maß an Geduld, den Willen, sich auf Geben und Nehmen einzulassen und guten Glaubens zu verhandeln, die Bereitschaft, im Hinblick auf langfristige Gewinne kurzfristige Opfer zu bringen, und die Reife, dem anderen vertrauen zu lernen. Darüber hinaus besteht immer die Versuchung, als Einzelgänger aufzutreten, kurzfristige Vorteile mitzunehmen und zu langfristigem Wachstum auszubauen. Da einige mit diesem Spiel Erfolg gehabt haben, ist ein Versuch in dieser Richtung durchaus verführerisch.

Für die meisten Entwicklungsländer ist dies jedoch keine tragfähige Strategie. Es gibt zu viele Möglichkeiten des Scheiterns zwischen Worten und Taten. Der Einsatz ist viel zu hoch. Es ist viel vorsichtiger und die Aussichten sind besser, wenn sich die Entwicklungsländer darauf verlassen, ihre Ziele über die Einheit zu erreichen.

Obwohl ich schon sagte, daß der erste Schritt und die Hauptverantwortung für den Wandel bei den Entwicklungsländern liegen, können diese allein die grundlegenden Probleme der weltweiten Entwicklung nicht lösen. Die entwickelten Nationen müssen ebenfalls eine wirklich entscheidende Rolle spielen und zur Errichtung einer neuen, gerechten sozialen und wirtschaftlichen Ordnung beitragen. Ironischerweise werden sie, wenn sie dies tun, für sich selbst arbeiten.

Ganz ähnlich nämlich, wie die philippinischen Geschäftsleute allmählich erkennen, daß ihre Unternehmen nicht gedeihen können, wenn sie den Armen nicht dabei helfen, produktiver zu werden, höhere Einkommen zu beziehen, ein besseres Leben zu führen, wenn also die Unternehmen nicht letzten Endes einen größeren und reicheren Markt für ihre Waren und Dienstleistungen errichten, so müssen auch die entwickelten Länder erkennen lernen, daß ihrem weiteren Wachstum und ihrem Wohlstand am besten damit gedient ist, daß sie den Entwicklungsländern dabei helfen, sich selbst aus dem Sumpf der Armut zu ziehen, in dem sie stecken, und sich zu reichen, schnell wachsenden Märkten weiterzuentwickeln. Um dies zu erreichen, werden die reichen Nationen, wie ich es sehe, zumindest vier wichtige Dinge tun müssen:

Zuerst einmal werden sie die Hilfe, die sie den Entwicklungsländern angedeihen lassen, beträchtlich erhöhen müssen. Vor mehr als einem Jahrzehnt wurden die entwickelten Länder aufgefordert, 0,7 Prozent ihres BSP als Hilfe bereitzustellen; in Wirklichkeit haben sie nur rund 0,3 Prozent des BSP gegeben. Eine durch die Internationale Arbeitsorganisation durchgeführte Studie schätzte, daß, wenn die westlichen Nationen 1 Prozent und die sozialistischen Länder 0,5 Prozent ihres BSP den Entwicklungsländern, besonders den ärmsten dieser Länder, zur Verfügung stellen würden, das BSP bis zum Jahre 2000 auf einen so hohen Wert stiege, daß die Armut beseitigt wäre. Die Studie weist auch darauf hin, daß die reichen Länder wegen des vermehrten Handelsverkehrs infolge dieser Entwicklung absolut gesehen noch mehr Nutzen daraus ziehen würden als die armen Länder. In Wirklichkeit könnten diese Mittelübertragungen somit als Investitionen betrachtet werden, die sich in weniger als 15 Jahren auszahlen würden.

Zum zweiten sollten die entwickelten Länder erkennen, daß ein wesentlicher Teil der Investitionen, die sie in den Entwicklungsländern tätigen, im Bildungsbereich und auf dem Gebiet des Technologietransfers erfolgen sollten. Anstelle eines Fischgerichts brauchen die armen Länder eher Kenntnisse darüber, wie sie selber fischen können.

Zum dritten müssen die entwickelten Länder verständnisvollere Lösungen für das Schuldenproblem ausarbeiten, als sie im Augenblick angestrebt werden. Wenn die Schuldnerländer dazu gezwungen werden, eine Politik zu verabschieden und durchzuführen, die ihre bereits armen Völker weiter verarmen läßt, so daß sie sich bisweilen ganz einfach gegen ihre Führer erheben müssen, ist dies selbst rein geschäftlich gesehen ungerechtfertigt, von der moralischen Berechtigung ganz zu schweigen. Es ist, als ob man versuchte, aus einem Stein Blut herauszupressen. Für dieses Problem gibt es keine Lösung, da die Umstände von Land zu Land verschieden sind. In manchen Fällen braucht die Schuld nur ein wenig gestreckt zu werden, während andere Länder Zuschüsse für einen Teil oder den Gesamtumfang ihrer Zinszahlungen benötigen. Einige wenige sind unter Umständen auf einen Erlaß der Rückzahlung des Kapitals angewiesen. Die Mittel, die für die Abdeckung der Zuschüsse für Zinsen und Kapital erforderlich sind, könnten als Teil der Hilfe betrachtet werden, die die entwickelten Länder in den Entwicklungsländern investieren sollen.

Schließlich müssen die entwickelten Nationen die verarbeiteten Güter und die Fertigwaren der Entwicklungsländer frei auf ihren Markt lassen. Wenn man davon ausgeht, daß es letzten Endes den entwickelten Ländern zugute kommt, wenn sich die Entwicklungsländer möglichst schnell entwickeln, dann ist Protektionismus als Mittel zu diesem Zweck sicherlich unproduktiv. Sicherlich gibt es bei einer Politik des freien Handels offensichtliche kurzfristige Probleme, doch verfügen die entwickelten

Länder über ausreichende Mittel, um diese Probleme aufzufangen und sogar in Gelegenheiten zu verwandeln. Darüber hinaus müssen die entwickelten Länder es den Entwicklungsländern für eine gewisse Zeit erlauben, ausgewählten Produkten aus den entwickelten Ländern für eine Zeitlang den Zugang zu einem Teil ihrer Märkte zu verweigern. Dies mag sich auf den ersten Blick ungerecht ausnehmen, doch gehe ich davon aus, daß es sich in Anbetracht des jeweiligen Entwicklungszustands um eine angemessene Lösung handelt. Darüber hinaus ist es grundvernünftig, da es den Tag näherrücken läßt, an dem die ganze Welt einen reicheren, schneller wachsenden Markt darstellt, an dem alle von uns ihre Freude haben.

Wegen ihrer großen moralischen Autorität spielen auch die Kirchen eine wichtige Rolle bei dem Versuch, zur Lösung der Grundprobleme der Weltwirtschaft beizutragen. Darüber hinaus ist es in Anbetracht der Tatsache, daß die Lösung dieser Probleme mit der Linderung menschlichen Elends und der Beseitigung ungerechter Verhältnisse verbunden ist, nur gerechtfertigt, daß sie an diesen Bemühungen beteiligt werden.

Wie können die Kirchen helfen?

Zuerst einmal können sie der Welt ein Beispiel geben, indem sie eine Politik verabschieden, die nicht nur den armen Menschen, sondern auch den armen Nationen eine Präferenz einräumt. Die Durchführung einer solchen Politik könnte unter anderem mit folgenden Aufgaben verbunden sein:

Umfassendere Vertretung von Bürgern der Dritten Welt in den höchsten Beratungsgremien. So könnte die katholische Kirche viel mehr Asiaten, Afrikaner und Lateinamerikaner für ihr Kardinalskollegium und die Kurie benennen. Dies würde gewährleisten, daß, wenn die Kirche grundlegende

Entscheidungen trifft, die Anliegen und die Auffassungen der Entwicklungsländer bei diesen Entscheidungen erwogen und berücksichtigt würden.

Verlagerung eines größeren Teils der Finanzinvestitionen der Kirchen in die Entwicklungsländer, um den Entwicklungsprozeß auf diese Weise zu beschleunigen.

Zum zweiten können die Kirchen ihre nicht unbeträchtlichen Möglichkeiten moralischer Überzeugung dazu nutzen, die entwickelten Länder dazu zu bewegen, nicht nur die Beträge der Hilfe zu erhöhen, die sie den armen Ländern gewähren, sondern auch auf eine Weise Hilfe zu leisten, die zu einer vollen Entwicklung der Menschen beiträgt. So stelle man sich etwa die politische Schlagkraft vor, die die Entwicklungsländer hätten, wenn alle ihre Kirchen sich in einem einzigen Gremium zusammenschlössen – ob man es nun Rat der Kirchen der Dritten Welt, Konferenz religiöser Führer der Entwicklungsländer oder wie auch immer nennen würde – Namen spielen keine Rolle.

Wir haben vor vier Jahren schon gesehen, daß die amerikanische Bischofskonferenz durch ihren Hirtenbrief über die atomare Abschreckung eine nachhaltige Wirkung nicht nur auf die Menschen in den Kirchen, sondern bis hin zum Oval Office des Präsidenten der Vereinigten Staaten ausübte. Dies ist ein überraschender Umschwung gegenüber der Vergangenheit, als die Kirchengemeinden bei der Vorlesung von Hirtenbriefen einnickten. Man bedenke darum die Machtfülle einer derartigen Konferenz der religiösen Führer der Dritten Welt, wenn sie mit einer Stimme für die Hunderte von Millionen von Christen in Afrika, Asien und Südamerika sprechen könnten. Es wäre eine Stimme, die die Welt nicht überhören könnte.

Drittens können die Kirchen die armen Länder dazu auffordern, ihre Verhandlungsmacht durch Einheit zu stärken. Dies können sie durch Förderung gemeinsamer Tagungen und das Angebot erreichen, bei Meinungsverschiedenheiten als Mittler aufzutreten. In vielen Fällen kann es einem ehrlichen und unparteiischen Mittler gelingen, einen Kompromiß zustande zu bringen, wo direkte Verhandlungen scheitern würden.

Schließlich können die Kirchen den armen Ländern dadurch helfen, daß sie deren Führer an ihre Verantwortung erinnern: Achtung und Schutz der Menschenrechte; Förderung der sozialen Gerechtigkeit; Vorleben und erst danach Predigen der Tugenden der Ehrlichkeit, der Genügsamkeit, des einfachen Lebens, der Sparsamkeit und der Betriebsamkeit, Schutz und Stärkung der Familie, Dienst am Volk. In vielen Ländern mag sich dies wie eine einfache Aufgabe ausnehmen, während es in anderen der schnellste Weg ist, um sich zum Märtyrer zu machen.

Mit diesen Anregungen an die Kirchen will ich nicht zu verstehen geben, viele der Kirchen seien so noch nicht tätig. Ich tue dies nur in der Hoffnung, daß diese Gedanken immer weiter um sich greifen und viel häufiger praktiziert werden.

Vor hundert Jahren beschrieb ein englischer Dichter die Welt so, wie viele Filipinos unser Land heute sehen. Er beklagte, daß sie:

„...wirklich weder Freude noch Liebe oder Licht (in sich birgt). Weder Gewißheit noch Frieden oder Hilfe in der Not. Und wir sind dabei gleichsam auf einer düsteren Ebene, die ein Gewirr von Schlachtrufen und Fluchtgeschrei erfüllt, wo um nichts bekümmerte Heere nachts aufeinandertreffen."

Es ist zu vermuten, daß sehr viele andere in den übrigen Entwicklungsländern die Welt, in der wir leben, durchaus ähnlich sehen. Dieses Gefühl darf sich allerdings nicht weiter ausbreiten, bis es alle Bewohner unserer Welt in vollem Umfang erfaßt.

Und dazu wird es kommen, wenn wir nicht zusammen – Sie, die sie aus den reichen Ländern kommen, und Sie, die sie aus den armen Ländern stammen – eine neue Weltwirtschaftsordnung aufbauen, eine Ordnung, die anerkennt, daß die Welt mit all ihren Möglichkeiten geschaffen wurde, um unter uns aufgeteilt zu werden, eine, die anerkennt, daß jeder Mensch, der willens und fähig ist zu arbeiten, die gleiche Möglichkeit erhalten sollte, ihre Ressourcen zu erschließen und die Märkte zu versorgen, eine, die auf den Tag hinarbeitet, an dem, wenn die Zeit Gottes erfüllt sein wird, jeder Mensch auf der Welt mit dem alten römischen Stolz sagen kann: „Ego sum civis mundi."

Jürgen Warnke

Zu den Möglichkeiten einer marktwirtschaftlichen Weltwirtschaftsordnung

Der gegenwärtige Zustand der internationalen Wirtschaftsbeziehungen ist verbesserungsbedürftig. Ich greife zwei Probleme heraus:

Problem Nr. 1:
Der Protektionismus wird zu einer immer schwereren Belastung des Handels. Besonders anschaulich ist das Beispiel, das der argentinische Staatspräsident Alfonsin in diesem Zusammenhang gerne verwendet:

Die Produktion einer Tonne Rindfleisch kostet in Argentinien 1200 US $, in der Europäischen Gemeinschaft mehr als das Doppelte. Durch Subventionen ermöglicht es die Gemeinschaft ihren Produzenten, mit einem Preis von 1000 US $ auf den Weltmarkt zu gehen: Die Argentinier – und nicht nur sie – haben das Nachsehen.

Protektionismus ist dabei kein den Industrieländern vorbehaltener Irrweg. Auch Länder der Dritten Welt, vor allem Schwellenländer, suchen ihr Heil immer häufiger in Handelsschranken statt in wirtschaftlicher Leistung.

Problem Nr. 2:
Das amerikanische Haushaltsdefizit in der Größenordnung von 200 Milliarden US $ belastet die Kapital- und Handelsströme.

Ein hohes Haushaltsdefizit bedeutet ein hohes Zinsniveau – auch für die Entwicklungsländer. Wenn die Zinsen in den USA um einen Prozentpunkt steigen, nimmt die Schuldenlast der Dritten Welt um 4 Milliarden US $ zu. Gleichzeitig ist das Zinsniveau eine der Ursachen für die starke Stellung des Dollars und damit des amerikanischen Leistungsbilanzdefizits. Die Folge: Der protektionistische Druck auf die amerikanische Regierung – ich nenne nur die Jenkins-Bill – wird immer stärker.

Manche meinen, ein Allheilmittel gegen den Protektionismus und alle anderen weltwirtschaftlichen Probleme zu kennen. Sie fordern eine neue Weltwirtschaftsordnung, die anders als die bestehende nach Ausschaltung des Marktes und seiner Ersetzung durch dirigistische Elemente „gerecht" sein soll.

Dieses Wunschdenken kann wirtschaftliche Gesetzmäßigkeiten nicht außer Kraft setzen. Lassen Sie mich deshalb der pauschalen Forderung nach einer neuen Weltwirtschaftsordnung zwei Thesen entgegensetzen:

1. Größere Gerechtigkeit in den zwischenstaatlichen Wirtschaftsbeziehungen kann nicht durch eine Änderung der gegenwärtigen Weltwirtschaftsordnung erreicht werden.

Die internationalen Wirtschaftsbeziehungen sind heute dem Grundsatz nach marktwirtschaftlich geordnet. Die Erfahrung zeigt, daß marktwirtschaftliche Ordnungen national wie international die besten wirtschaftlichen Ergebnisse aufweisen:

– Unter den Entwicklungsländern sind es Staaten mit marktwirtschaftlicher Orientierung, die die größten wirtschaftlichen Erfolge haben – von der Elfenbeinküste über Indonesien bis zu Singapur und Taiwan. Eine marktwirtschaftliche Ordnung macht deshalb keineswegs nur die Reichen reicher, die Armen aber immer ärmer.

- Für den zwischenstaatlichen Bereich zeigt gegenwärtig der Zusammenbruch des Internationalen Zinnabkommens mit lehrbuchartiger Deutlichkeit, daß eine angeblich gerechtere Gestaltung von Märkten auf lange Sicht zu deren Zusammenbruch und damit zu absoluter Ungerechtigkeit für alle Marktteilnehmer führt. Aus diesem Grund hat die Bundesrepublik Deutschland auch die Seerechtskonvention mit den dirigistischen Regelungen über den Meeresbodenbergbau nicht ratifiziert.

Dirigismus ist nicht nur weniger leistungsfähig als eine marktwirtschaftliche Ordnung. Er ist auch den Beweis dafür schuldig geblieben, daß die Planung dem Markt im außerwirtschaftlichen Bereich, im Hinblick auf die Förderung des Gemeinwohls, überlegen ist.

Im Gegenteil: Es ist gerade der Versuch, das Gemeinwohl durch die Trennung von Einkommenserzeugung und Einkommensverteilung zu fördern, der zu mehr Konflikten und weniger Freiheit in einer Wirtschaftsordnung führt.

Eine marktwirtschaftliche Ordnung dient demgegenüber dem Gemeinwohl bereits durch ihre Wirksamkeit. Darüber hinaus erfüllen auch die Verfahrensregeln einer derartigen Ordnung ethische Ansprüche.

Eine marktwirtschaftliche Weltwirtschaftsordnung gewährleistet zum einen Leistungsgerechtigkeit. Wer leistet, was der Markt verlangt, hat Erfolg. Es entspricht einem freiheitlichen Menschenbild, wenn maßgebend für wirtschaftlichen Erfolg nicht das Diktat einer unpersönlichen Lenkungsbehörde, sondern die freie Entscheidung einer Vielzahl von Marktteilnehmern ist.

Die Verfahrensregeln einer marktwirtschaftlichen Weltwirtschaftsordnung bieten zum anderen Chancengerechtigkeit. Jeder Marktteilnehmer kann Erfolg haben, niemand ist von vornherein ausgeschlossen.

Dabei liegt auf der Hand: Bei unterschiedlichen Ausgangspositionen bedeutet Chancengerechtigkeit nicht Gerechtigkeit der Ergebnisse. In einer Zeit fallender Rohstoffpreise sind rohstoffexportierende Entwicklungsländer schweren wirtschaftlichen Belastungen ausgesetzt, während Länder, die verarbeitete Produkte ausführen, von dieser Belastung frei bleiben.

An dieser Unterschiedlichkeit der Ausgangspositionen könnte aber auch eine dirigistische Weltwirtschaftsordnung nichts ändern. Sie würde die Gleichheit der Chancen aufheben, ohne die Gerechtigkeit der Ergebnisse zu verbessern. Der europäische Agrarmarkt gibt dafür ein gutes Beispiel: Die europäischen Agrarmarktordnungen verletzen nicht nur die Chancengleichheit, indem sie Anbietern aus Drittländern den Zugang zum Gemeinsamen Markt erschweren. Sie belasten darüber hinaus die Nahrungsmittelproduktion in Entwicklungsländern durch den subventionierten Absatz von Überschüssen.

Marktwirtschaftlich organisierte Wirtschaftsordnungen gewährleisten Leistungs- und Chancengerechtigkeit bereits durch ihr Verfahren. Dies hat allerdings eine Voraussetzung, die heute leider allzu oft in Vergessenheit gerät: Eine marktwirtschaftliche Ordnung verlangt, daß alle Martteilnehmer ihre Regeln beachten.

Konkret heißt das: Wer für freien Handel ist, darf seine Grenzen nicht abschotten. Wer die Entwicklungsländer zur Steigerung ihrer Exporte auffordert, muß zum Strukturwandel im eigenen Land bereit sein. Wer von den Entwicklungsländern verlangt, daß sie Ordnung in ihren Finanzen schaffen, darf nicht selbst durch Haushaltsdefizite in dreistelliger Milliardenhöhe die Ursache für das hohe internationale Zinsniveau setzen.

Nicht die bestehende Weltwirtschaftsordnung ist für fehlende Deviseneinnahmen der Entwicklungsländer und den internationalen Hochzins verantwortlich, sondern gerade der Verstoß gegen ihre Grundregeln.

Hier liegen in der Tat schwere, nach meiner Überzeugung kardinale Verantwortlichkeiten der Industrieländer für Schwierigkeiten der Dritten Welt vor. Der Appell Kardinal Ratzingers, ethische Disziplin und religiöse Kraft in wirtschaftliche Entscheidungen einfließen zu lassen – hier ist er am Platze.

Wenn die Verfahrensregeln der marktwirtschaftlichen Weltwirtschaftsordnung ethischen Ansprüchen genügen, heißt dies noch nicht, daß auch die Ergebnisse dieser Wirtschaftsordnung unseren Gerechtigkeitsvorstellungen entsprechen müßten.

So haben marktwirtschaftliche Ordnungen die Tendenz, die Schwachen an den Rand zu drängen. Schwach sind in der heutigen Lage der Weltwirtschaft vor allem Länder, deren Exportprodukte auf dem Weltmarkt wenig gefragt sind. Der ehemalige tansanische Präsident Nyerere gebrauchte gerne folgendes Beispiel: Um die Devisen für den Kauf eines bestimmten Traktors zu verdienen, mußte Tansania 1984 mehr als doppelt soviel Baumwolle wie 1975 exportieren. Das Beispiel führt uns zu meiner zweiten These:

2. Eine marktwirtschaftliche Weltwirtschaftsordnung verlangt Entwicklungshilfe als Element des sozialen Ausgleichs.

Ziel des sozialen Ausgleichs ist Verteilungsgerechtigkeit. Verteilungsgerechtigkeit meint eine gerechte Verteilung der Ergebnisse des Wirtschaftens. Die absolute Armut von mehr als 800 Millionen Menschen, Hunger, Elend und Krankheit in vielen Entwicklungsländern sind deshalb eine Herausforderung für unser Gerechtigkeitsempfinden. Es liegt auf der Hand, daß wir hier helfen müssen.

Schwieriger ist die Frage, wieweit wir durch Maßnahmen einer ausgleichenden internationalen Gerechtigkeit helfen können.

Das erste Hindernis auf diesem Weg wird oft verkannt: Gerechtigkeit in den zwischenstaatlichen Wirtschaftsbeziehungen garantiert nicht Gerechtigkeit im innerstaatlichen Bereich. Solange es keinen Weltstaat gibt, können Ausgleichszahlungen innerstaatliche soziale Gerechtigkeit nicht garantieren. Wo die eigene Rüstung, das Wohlergehen der Präsidentenfamilie, der durch keine Anflüge von Demokratie gedämpfte Wille zum Machterhalt der regierenden Partei oder eine Ideologie, die die Wirklichkeit nicht zur Kenntnis zu nehmen bereit ist, der bevorzugte Gegenstand der Entwicklungspolitik eines Landes der Dritten Welt sind, dort können auch internationale Ausgleichszahlungen die Lebensbedingungen der Menschen nicht verbessern. Diese Fälle sind nicht hypothetisch. Sie sind auch nicht selten.

Hinzu kommt, daß die wirtschaftliche Lage in den Entwicklungsländern nicht nur von den internationalen Wirtschaftsbeziehungen bestimmt wird.

- Wenn die Auslandsverschuldung die Kreditwürdigkeit der Philippinen in anderer Weise als die Südkoreas berührt,

- wenn in Zeiten eines hohen Zinsniveaus Kolumbien eine wirtschaftliche Anpassung, Bolivien dagen eine Hyperinflation erlebt,

- wenn schließlich in einem exportabhängigen Land wie der Elfenbeinküste der Verfall der Rohstoffpreise lediglich zu einem Rückschlag, in Sambia aber zum Zusammenbruch der Wirtschaft führt,

dann zeigt dies, daß die Auswirkungen weltwirtschaftlicher Veränderungen auf ein Entwicklungsland jedenfalls auch von dessen Wirtschaftspolitik bestimmt werden. Die Länder der Dritten Welt sind nicht nur Objekte der Weltwirtschaftsordnung, sondern auch Subjekt ihrer eigenen Wirtschaftspolitik.

Eine Politik des internationalen sozialen Ausgleichs vermag deshalb soziale Gerechtigkeit in den Staaten der Dritten Welt nicht zu garantieren. Sie kann zu größerer Verteilungsgerechtigkeit nur dadurch beitragen, daß sie eine erfolgversprechende Wirtschaftspolitik der Entwicklungsländer als Grundlage für innerstaatliche Maßnahmen des sozialen Ausgleichs unterstützt.

Unterstützung der Politik der Entwicklungsländer – dies ist die Grundlage der Entwicklungshilfe, wie wir sie heute leisten. Als Ziel unserer Entwicklungshilfe sehen wir es an, die dem einzelnen Menschen, die den Völkern nach dem Schöpferwillen gegebenen Anlagen zu entfalten. Unsere Entwicklungszusammenarbeit ist deshalb darauf ausgerichtet, Hilfe zur Selbsthilfe zu leisten.

Hilfe zur Selbsthilfe ist es, wenn wir die Länder der Dritten Welt dabei unterstützen, die Voraussetzungen für Entwicklung zu schaffen. Sicherung der Ernährung aus eigener Kraft, Aus- und Fortbildung sowie die Erhaltung der natürlichen Lebensgrundlagen sind deshalb Schwerpunkte der deutschen Entwicklungszusammenarbeit.

Nur in Notfällen kann sich die Entwicklungshilfe auf die Sicherung des bloßen Überlebens beschränken. Die Lieferung von Nahrungsmitteln in ein von akuter Hungersnot bedrohtes Gebiet ist ein Beispiel. Auf lange Sicht ist Überlebenshilfe das gerade Gegenteil von Entwicklungshilfe. Sie schafft eine entwürdigende Almosenmentalität dort, wo es darum geht, die Grundlagen für eine eigenständige Entwicklung zu legen.

Erfolgreiche Eigenanstrengungen der Länder der Dritten Welt sind nur dann möglich, wenn die Rahmenbedingungen für eine Entfaltung der schöpferischen Kräfte des einzelnen gegeben sind.

Es sind die Entwicklungsländer selbst, die Verantwortung für die Erfolge, aber auch für die Mißerfolge ihrer Wirtschaftspolitik tragen. Selbständigkeit bedeutet Verantwortung auch für die eigenen Fehler. Wer den Entwicklungsländern diese Verantwortung abspricht und die Schuld für Mißstände in der Dritten Welt grundsätzlich in erster Linie bei den Industrieländern sucht, der hat immer noch eine bevormundende und überhebliche Haltung. Er sieht immer noch den Weißen Mann als Alleinverantwortlichen für das Wohl und Wehe von Eingeborenen und zeigt mangelnden Respekt vor der neugewonnenen Unabhängigkeit der Entwicklungsländer.

Die Entwicklungspolitik hat die Aufgabe, die Länder der Dritten Welt bei der Entfaltung ihrer menschlichen und wirtschaftlichen Möglichkeiten zu unterstützen. Über die dazu erforderlichen Maßnahmen stehen wir mit vielen Entwicklungsländern, vor allem in Afrika, in einem ständigen Austausch von Meinungen und Erfahrungen, dem sogenannten Politikdialog.

Der Politikdialog ist eine der großen Möglichkeiten staatlicher Entwicklungshilfe. Er zeigt aber auch, wo staatliche Hilfe an ihre Grenzen stößt. In Ländern der Dritten Welt, in denen das größte Entwicklungshemmnis die Politik der eigenen Regierung ist, können wir die Menschen auf der Ebene von Staat zu Staat kaum unterstützen.

Hier sind vor allem Kirchen und Nichtregierungsorganisationen zur Hilfe aufgerufen. In der Bundesrepublik Deutschland arbeitet der Staat deshalb eng mit kirchlichen und privaten Hilfeorganisationen zusammen. Staatliche und private Entwicklungshilfe können einander nicht ersetzen. Sie müssen einander ergänzen.

Eine soziale Weltwirtschaft ist immer auch eine soziale Marktwirtschaft. Sie ist Marktwirtschaft, weil sie nur so Chancen- und Leistungsgerechtigkeit sicherstellen kann. Instrument des sozialen Ausgleichs, den jede Marktwirtschaft erfordert, ist im Verhältnis zu den Ländern der Dritten Welt die Entwicklungshilfe. Entwicklungshilfe kann dabei soziale Gerechtigkeit und wirtschaftlichen Erfolg in den Entwicklungsländern nicht garantieren. Ihr Ziel ist zugleich bescheidener und anspruchsvoller. Es lautet: Hilfe zur Selbsthilfe.

Bela Balassa[1]

Marktöffnung für Entwicklungsländer

Eine beträchtliche Anzahl von Entwicklungsländern haben zur Zeit mit einer hohen Auslandsverschuldung zu kämpfen. Für den Schuldendienst müssen die Exporte erhöht werden, was wiederum die Öffnung der Märkte der Industrieländer voraussetzt. Die hochverschuldeten Entwicklungsländer sind auf eine Ausweitung ihrer Ausfuhren auch im Hinblick auf die Wiedererlangung ihres Wirtschaftswachstums angewiesen, während die übrigen Entwicklungsländer nur so Wachstumseinbrüche vermeiden können. Dies ist auch im Interesse der Industrieländer, die in den Entwicklungsländern über wichtige Märkte verfügen.

Mein Ziel ist es, gemeinsame Interessen der Industrie- und der Entwicklungsländer im Bereich der Handelsliberalisierung darzustellen und die Wege zu untersuchen, auf denen dieses Ziel erreicht werden kann. Als Einführung in die Thematik möchte ich die von den Industrieländern gegenüber den Entwicklungsländern in der Nachkriegszeit praktizierte Handelspolitik beschreiben.

1. Das Nachkriegsexperiment der Handelsliberalisierung

In der Nachkriegszeit waren bis zur Ölkrise von 1973/74 und der weltweiten Rezession von 1974/75 in der Handelsliberalisierung stetige Fortschritte zu verzeichnen. Die Industrieländer gaben die während der Wirtschaftskrise der dreißiger Jahre und des Zweiten Weltkriegs eingeführten mengenmäßigen Einfuhrbeschränkungen auf; außerdem verpflichteten sie sich zu einer Senkung der Einfuhrzölle, um die während der Weltwirtschaftskrise vorgenommenen Erhöhungen wieder abzubauen.

Ende der fünfziger Jahre war die Liberalisierung der nichtlandwirtschaftlichen Einfuhren so gut wie abgeschlossen, und die Zollsätze lagen unter dem Stand der Jahre vor 1930. Diese Punkt für Punkt vorgenommenen Zollsenkungen wurden durch einen pauschalen Zollabbau im Rahmen der multilateralen Handelsverhandlungen der Dillon-Runde (1960 bis 1961) und der Kennedy-Runde (1964 bis 1967) ergänzt.

Im Anschluß an eine zehnprozentige Zollsenkung im Rahmen der Dillon-Runde wurden die Zollsätze in der Kennedy-Runde aufgrund der Verhandlungen um 50 Prozent gesenkt, wobei für sogenannte empfindliche Güter Ausnahmen galten. 1970 waren diese Kürzungen in vollem Umfang in Kraft getreten, und die Zölle für Rohstoffe waren in den Industrieländern bis auf einen unbedeutenden Satz abgebaut worden; sie lagen bei Halbfertigwaren und Fertigerzeugnissen im Durchschnitt bei 10 Prozent.

Die Handelsliberalisierung führte zu einer schnellen Ausweitung des internationalen Warenverkehrs, der wiederum das Wirtschaftswachstum in den Industrieländern kräftig förderte. Von 1960 bis 1973 stiegen die Ausfuhren der Industrieländer im Jahresdurchschnitt um 9 Prozent, während ihr Bruttoinlandsprodukt um 5 Prozent zunahm.

Das Wirtschaftswachstum in den Industrieländern wurde über steigende Einfuhren wiederum an die Entwicklungsländer weitergegeben. Die Zunahme war besonders bei der Einfuhr von Fertigerzeugnissen aus den Entwicklungsländern sehr schnell gestiegen, die sich während dieser Zeit vervierfachten. Gleichzeitig führten höhere Ausfuhren zu einer Beschleunigung des Wirtschaftswachstums in den Entwicklungsländern, wo die Wachstumsraten zwischen 1960 und 1983 im Durchschnitt bei 7 Prozent lagen.

Neben dem schnellen Wirtschaftswachstum in den Industrieländern trugen die Zollsenkungen in diesen Ländern zu einer Zunahme der Einfuhren aus Entwicklungsländern und damit zur Beschleunigung des dortigen Wirtschaftswachstums bei. Die meisten Entwicklungsländer nahmen an den Verhandlungen zwar nicht teil, doch wurden die Zollsenkungen gemäß der Meistbegünstigungsklausel automatisch auf sie ausgedehnt.

Da es nicht zu beiderseitigen Konzessionen kam, senkten die Industrieländer ihre Zölle jedoch für die Entwicklungsländer interessierende Erzeugnisse in geringerem Umfang als für alle anderen Produkte. Dementsprechend blieben die Zölle der Industrieländer für solche Erzeugnisse überdurchschnittlich hoch.

Zum einen unterlagen die Ausfuhren der Entwicklungsländer bei der Umwandlung von Rohstoffen in Verarbeitungserzeugnisse einer Zolleskalation, die Ausfuhren in verarbeiteter Form benachteiligte. Zum anderen wurden die wichtigsten Ausfuhren dieser Länder – Textilien, Bekleidung und Schuhe – als empfindliche Produkte angesehen, bei denen die Zollsenkung unter dem Durchschnitt blieb. Die Entwicklungsländer hatten auch unter den nachteiligen Folgen der Gemeinsamen Agrarpolitik der EG und dem landwirtschaftlichen Protektionismus Japans zu leiden.

2. Das Jahrzehnt äußerer Schockeinwirkungen

Die Weltwirtschaft sah sich nach 1973 schweren Schockwirkungen ausgesetzt, darunter einer Vervierfachung der Ölpreise 1973 bis 1974 und einer Erhöhung dieser Preise um das Zweieinhalbfache von 1971 bis 1981, woran sich eine tiefe Rezession und ein langsamer Erholungsprozeß anschlossen. Diese ungünstige Entwicklung und die sich daraus ergebende hohe Arbeitslosigkeit beeinflußte die von den Industrieländern betriebene Handelspolitik und hatte negative Folgewirkungen für die Entwicklungsländer.

Zwar wurden im Rahmen der multilateralen Handelskonferenzen der Tokio-Runde (1974 bis 1977) weitere Zollsenkungen vereinbart, doch nahm das Ausmaß der mengenmäßigen Einfuhrbeschränkungen nach 1973 zu. 1983 galten solche Beschränkungen schon für 13 Prozent der Nicht-Öl-Einfuhren aus den Entwicklungsländern in die Vereinigten Staaten, für 22 Prozent dieser Einfuhren in die Europäische Gemeinschaft und für 11 Prozent solcher Einfuhren nach Japan. Gleichzeitig ist darauf hinzuweisen, daß die Zahlen für Japan zu niedrig angesetzt sind, weil sie den Rückgriff auf nichttarifäre Handelsschranken nicht berücksichtigen.

Die Landwirtschaft war bei dem Prozeß der Handelsliberalisierung während der Nachkriegszeit eine Ausnahme, und von den Vereinigten Staaten, die ein großer Nettoexporteur sind, einmal abgesehen, ist der Schutz der Landwirtschaft in den Industrieländern seit 1973 verstärkt worden. Die Europäische Gemeinschaft hat im Rahmen der Gemeinsamen Agrarpolitik eine Erzeugung zu hohen Kosten zunehmend gefördert und Einfuhrüberschüsse in Ausfuhrüberschüsse umgewandelt, die mit der Unterstützung beträchtlicher Beihilfen in Konkurrenz mit Erzeugnissen aus Entwicklungsländern auf dem Weltmarkt abgesetzt werden. Darüber hinaus ist auch in Japan, wo höhere Löhne zu gestiegenen inländischen Produktionskosten geführt haben, der Schutz der heimischen Landwirtschaft verstärkt worden.

Die Industrieländer haben auch in zunehmendem Maße zu Einfuhrbeschränkungen für Fertigerzeugnisse gegriffen. Während das Multifaserabkommen anfänglich eine sechsprozentige Zunahme der Einfuhren von Textilien und Bekleidung aus Entwicklungsländern pro Jahr zuließ, ist bei seinen späteren Überarbeitungen und Neuauslegungen immer restriktiver gehandhabt worden. Und obwohl Japan dem MFA nicht angeschlossen ist, gibt es Hinweise auf inoffizielle Beschränkungen seiner Textileinfuhren aus Entwicklungsländern. Darüber hinaus beschränken mehrere europäische Länder und Japan die Einfuhr von Schuhen und einigen anderen Konsumgütern aus Entwicklungsländern.

Nichttarifäre Schutzmaßnahmen sind auch bei Stahl wichtig geworden. Die Europäische Gemeinschaft hat die Stahlimporte aus Entwicklungsländern seit Mitte der siebziger Jahre Beschränkungen unterworfen; die Vereinigten Staaten vereinbarten vor kurzem in Verhandlungen Obergrenzen für solche Einfuhren aus wichtigen Entwicklungsländern; die japanischen Stahlimporte aus Korea werden ebenfalls durch nichttarifäre Maßnahmen begrenzt.

3. Die wirtschaftlichen Kosten des Protektionismus

Ungeachtet der wachsenden Handelsschranken machen die Entwicklungsländer bei der Ausfuhr von Fertigwaren in die Industrieländer Fortschritte, und ihr Anteil an den Binnenmärkten dieser Länder hat sich zwischen 1973 und 1983 verdoppelt. Die beobachteten Veränderungen zeugen von einem Übergang auf den Export von Erzeugnissen, die keinen Beschränkungen unterliegen, sowie von einer Wertsteigerung der Ausfuhren von Textilien und Bekleidung, bei denen nach dem MFA mengenmäßige Beschränkungen bestehen. Da das MFA jedoch immer restriktiver gehandhabt wird und Japan neue Einfuhrbeschränkungen eingeführt hat, sind die Ausfuhren von Textilien und Bekleidung aus den Entwicklungsländern während der letzten

Jahre nur wenig gestiegen. Auch die Stahlausfuhren dieser Länder leiden unter den Wirkungen der vor kurzem verhängten Beschränkungen.

Neben den negativen Auswirkungen der von den Industrieländern angewandten Schutzmaßnahmen für die Exporteure der Entwicklungsländer sind diese Maßnahmen auch mit beträchtlichen wirtschaftlichen Kosten für die Industrieländer selbst verbunden. In der amerikanischen und der EG-Textil- und Bekleidungsindustrie liegen die Kosten, die der Ersatz von Importen verursacht, etwa um das Zehnfache über den Löhnen, die den Arbeitern gezahlt werden. Auch beim Stahl sind die volkswirtschaftlichen Kosten von Schutzmaßnahmen beträchtlich höher als die an die Arbeitnehmer gezahlten Löhne, und bei mehreren Grundnahrungsmitteln sind die Verbraucherpreise zwei- bis dreimal so hoch wie die Weltmarktpreise.

Darüber hinaus hat ein solcher Schutz langfristig ungünstige Auswirkungen auf die Industrieländer, da er Neuinvestitionen in nicht wettbewerbsfähigen Industriezweigen mit geringer Produktivität fördert, und zwar zu Lasten solcher Industrien, die ein höheres Maß an Fertigkeiten und technischem Niveau verlangen, wo diese Investitionen vergleichsweise vorteilhafter zu tätigen wären. Letzten Endes wirkt sich der Protektionismus in den Industrieländern negativ auf deren Wirtschaftswachstum aus. Ähnlich abträgliche Wirkungen hat er auch auf die Entwicklungsländer, weil er eine Ausweitung ihrer Exporte beschränkt.

4. Für eine neue Runde multilateraler Handelsgespräche

Ein Abbau der Handelsschranken durch die Industrieländer liegt somit im gemeinsamen Interesse der Industrie- wie der Entwicklungsländer. Gleichzeitig benötigen die Entwicklungsländer Zusicherungen, daß ihre Ausfuhren in Zukunft auf keine Handelsschranken stoßen werden. Die Gefahr der Verhängung von Restriktionen würde sonst ein Exportrisiko schaffen und von Investitionen in potentielle Exportindustrien abschrecken.

Diesen Zielen könnte eine neue Runde multilateraler Handelsgespräche dienen, die sich mit Problemen derzeitiger wie künftiger Handelsschranken zu befassen hätte. Die Industrieländer sollten sich verpflichten, keine weiteren protektionistischen Maßnahmen mehr zu ergreifen, ferner die mengenmäßigen Einfuhrbeschränkungen in der Landwirtschaft, der Textil- und Bekleidungsindustrie, bei sonstigen Konsumgütern und Stahl zu liberalisieren, sowie Zollsenkungen für Verarbeitungserzeugnisse und gerechte Verfahren für die Anwendung von Sicherungsmaßnahmen bei einem plötzlichen, steilen Anstieg der Importe einführen.

In der Landwirtschaft wäre es wünschenswert, für Ausfuhrsubventionen ein Stillhalteabkommen zu beschließen und sich auf einen späteren Abbau dieser Beihilfen zu einigen. Außerdem könnten der Inlandsverbrauch und damit auch die Einfuhren aus Entwicklungsländern gesteigert werden, wenn man von der Preisstützung, die die einheimischen Lebensmittelpreise hochhält, zur Einkommensunterstützung bedürftiger Landwirte überginge. Schließlich müßte die Höhe der landwirtschaftlichen Beihilfen im Laufe der Zeit verringert werden, um die Verlagerung von Ressourcen in Bereiche außerhalb der Landwirtschaft zu fördern.

Das allmähliche Auslaufenlassen des Multifaserabkommens würde den derzeitigen Exporteuren in den Entwicklungsländern zugute kommen und neue Exporteure in den noch weniger entwickelten Ländern auf den Plan rufen. Darüber hinaus wäre dies ein Anreiz für Anpassungsmaßnahmen in der Textil- und Bekleidungsindustrie der Industrieländer. Gleichzeitig würde die Beibehaltung der derzeitigen Zollsätze ausreichen, um die leistungsfähigeren Hersteller in diesen Ländern zu schützen, wenn mengenmäßige Einfuhrbeschränkungen einmal beseitigt sind.

Zur Liberalisierung des Stahlhandels wären zuerst einmal die Produktionsbeihilfen zu beseitigen. Der Liberalisierungsprozeß selbst könnte mit der Aufhebung der Beschränkungen für Stahleinfuhren aus den Entwicklungsländern beginnen. Einfuhrbeschränkungen für andere aus Entwicklungsländern stammende Erzeugnisse wären ebenfalls zu beseitigen.

Die Zolleskalation in den Industrieländern benachteiligt die Produktion in den Entwicklungsländern, von denen viele zur Gruppe der weniger entwickelten Staaten gehören. Um eine Ausweitung der Exporte aus diesen Ländern zu fördern, wäre es wünschenswert, daß die Industrieländer die Zölle für verarbeitete Nahrungsmittel und Rohstoffe einschließlich tropischer Erzeugnisse beseitigen, bei denen die weniger entwickelten Länder wichtige Exporteure sind.

5. Handelsliberalisierung in den Schwellenländern

Von den Entwicklungsländern in die Industrieländer exportierte Fertigwaren stammen in der überwältigenden Mehrzahl der Fälle aus den Schwellenländern (newly-industrializing countries, NICs). Zu dieser Gruppe gehören Hongkong, Korea, Singapur und Taiwan im Fernen Osten, Jugoslawien und Israel in Europa und im Nahen Osten sowie Argentinien, Brasilien, Chile und Mexiko in Lateinamerika.

Zwar gelangten die NICs in der Vergangenheit in den Genuß einseitiger Zollsenkungen seitens der Industrieländer, doch müssen sie jetzt die Hauptlast der von diesen Ländern verhängten Einfuhrbeschränkungen tragen. Gleichzeitig wenden die NICs selbst, mit wenigen Ausnahmen, Einfuhrbeschränkungen an, die für den gesamten Fertigwarensektor gelten.

Eine künftige Handelsliberalisierung durch die Industrieländer wäre kaum möglich, ohne daß die NICs auch ihre eigenen Einfuhrbeschränkungen liberalisierten. Diese Beschränkungen bringen Schwierigkeiten für bestimmte Exportinteressen in den Industrieländern mit sich. Sie weiterhin gutzuheißen, wäre für die Bereitschaft der Industrieländer, Schranken gegenüber Einfuhren aus Entwicklungsländern im allgemeinen und aus Schwellenländern im besonderen abzubauen, äußerst kritisch. Angesichts der schnellen Zunahme der Ausfuhren aus den NICs in der jüngsten Vergangenheit fällt es immer schwerer, für einseitige Konzessionen zugunsten dieser Länder einzutreten.

Genauso wie die südeuropäischen Länder und Japan während der Nachkriegszeit zu vollwertigen Teilnehmern am Prozeß der Handelsliberalisierung geworden sind, sollte dieser Prozeß in Zukunft auch die NICs einschließen. Dies bedeutet allerdings nicht, daß die NICs notwendigerweise die gleichen Verpflichtungen übernehmen und den gleichen Zeitplan bei der Liberalisierung ihres Handels anwenden, den auch die derzeitigen Industrieländer haben. Immerhin müßten sie im Interesse eines Erfolges einer neuen Runde multinationaler Handelsgespräche nennenswerte Senkungen ihrer Einfuhrschranken anbieten. Gleichzeitig würde die Handelsliberalisierung der NICs den weniger entwickelten Ländern Möglichkeiten bieten, auf deren Märkten zu verkaufen.

Auf jeden Fall werden die NICs nicht nur die Vorteile niedrigerer Einfuhrschranken in den Industrieländern nutzen können, sondern auch aus der Liberalisierung ihres eigenen Handels bedeutende Vorteile ziehen. Dies liegt darin, daß die Schutzmaßnahmen für diese Länder beträchtliche volkswirtschaftliche Kosten mit sich bringen und ihr Wachstumspotential vermindern. Die Erfahrungen aus der Zeit schnellen Weltwirtschaftswachstums vor 1973 sowie die des darauffolgenden Jahrzehnts äußerer Schocks deuten nämlich darauf hin, daß Entwicklungsländer mit einer liberaleren Handelsregelung höhere wirtschaftliche Wachstumsraten erzielt haben als protektionistische Länder.

Diese Schlußfolgerung gilt auch für weniger entwickelte Länder und liefert somit ein Argument für die Liberalisierung ihres Handels. Angesichts des verhältnismäßig niedrigen wirtschaftlichen Entwicklungsstandes dieser Länder könnten sie allerdings nicht die Art von Verpflichtungen übernehmen, die die Schwellenländer im Rahmen neuer Handelsabkommen eingehen könnten. Im allgemeinen sind Länder, die fortgeschrittener und besser in die Weltwirtschaft integriert sind, eher in der Lage, am Verhandlungsprozeß wirksam teilzunehmen.

6. Die Notwendigkeit von Sicherungsmaßnahmen

Die Minimierung der Gefahr, die von der Errichtung von Exportschranken für die Entwicklungsländer ausgeht, findet ihr Gegenstück in der Minimierung der Gefahr plötzlich emporschnellender Exporte in die Industrieländer. Es ist somit ein Sicherungsmechanismus erforderlich, der zeitweilige Erleichterungen bietet und gleichzeitig einen Anpassungsprozeß fördert. Angesichts der Erfolglosigkeit früherer Bemühungen bietet eine neue Runde multilateraler Handelsberatungen Möglichkeiten, einen solchen Mechanismus einzuführen.

Die Sicherungsmaßnahmen sollten nur bei einer schwerwiegenden Schädigung der einheimischen Produzenten angewendet werden, wenn eine solche hauptsächlich oder in vollem Umfang auf gestiegene Importe zurückzuführen ist. Zur angemessenen Anwendung dieser Kriterien sollten gleichzeitig alle betroffenen inländischen und ausländischen Parteien Gelegenheit erhalten, ihre Auffassungen in öffentlichen Anhörungen vor einem unabhängigen Gremium vorzutragen, das für die Anwendung der Sicherungsmaßnahmen verantwortlich ist.

Sicherungsmaßnahmen sollten vorzugsweise in Form von Zollerhöhungen erfolgen, während mengenmäßige Beschränkungen nur in außergewöhnlichen Fällen angewandt werden sollten. Wird dennoch zu mengenmäßigen Beschränkungen gegriffen, so sollten die Einfuhren nicht unter den vor der Verhängung dieser Einschränkungen erreichten Stand vermindert werden. Darüber hinaus sollten die angewandten Maßnahmen Übergangscharakter besitzen und stufenweise abgebaut werden können. Um zu gewährleisten, daß Sicherungsmaßnahmen nur zeitweiligen Charakter haben, sollten sie unter der Aufsicht und der Prüfung des GATT stattfinden. Während die erstmalige Verhängung von Sicherungsmaßnahmen in das Ermessen des jeweiligen Landes gestellt werden kann, würde ihre Verlängerung über eine Anfangsphase von vielleicht drei Jahren hinaus von einer Zustimmung des GATT abhängen.

Die wirksame Anwendung des Sicherungsmechanismus würde auch eine Verbesserung der derzeitigen Verfahren zur Beilegung von Handelsstreitigkeiten erfordern. Ganz allgemein wären Verbesserungen des Verfahrens zur Regelung von Streitfällen erforderlich, um in anderen Bereichen möglicherweise entstehende Konflikte zu bewältigen, darunter auch Ausfuhrbeihilfen und Gegenmaßnahmen gegen solche Beihilfen durch benachteiligte Parteien sowie die Anwendung von Antidumping-Maßnahmen. Dies ist von besonderer Bedeutung, sobald Maßnahmen zur Handelsliberalisierung ergriffen worden sind.

7. Anpassung an die Handelsliberalisierung

Eine Voraussetzung für die Ausweitung von Sicherungsmaßnahmen über die Anfangsphase hinaus wäre die Anwendung von Anpassungsmaßnahmen. Anpassungshilfen sollten zur Finanzierung der Umschulung und Wiedereingliederung von Arbeitnehmern aus negativ betroffenen Industriezweigen bereitgestellt werden und Unternehmen bei der Umstrukturierung ihrer Tätigkeit oder gar beim Wechsel des Industriezweigs unterstützen.

Die in den Vereinigten Staaten gesammelten Erfahrungen sprechen für den Erfolg gut durchdachter Anpassungsbemühungen. Als sich die Bekleidungsindustrie zum Beispiel in den Süden verlagerte, wurde Neu-England zum Zentrum der technologisch fortgeschrittenen Industrien. Auch in anderen Industriezweigen ist es im Lauf der Zeit zu beträchtlichen interregionalen Verschiebungen gekommen.

In den vom Niedergang erfaßten Sektoren der Industrieländer – vor allem die Landwirtschaft, die Bekleidungs- und die Schuhindustrie – sollte die Anwendung von Anpassungsmaßnahmen Bestandteil einer Langzeitstrategie sein, durch die die Verlagerung von Ressourcen in moderne, technologisch fortgeschrittene Sektoren gefördert werden soll. Gleichzeitig kann die Anpassungshilfe aus Einsparungen bei den Kosten für Schutzmaßnahmen finanziert werden, wenn das Ausmaß des Schutzes abgebaut wird.

Auch in den Schwellenländern wären Anpassungsbemühungen erforderlich, um die Liberalisierung ihrer Importe zu unterstützen. Diese Bemühungen sollten sich auf die Unterstützung von Unternehmen konzentrieren, die ihre Technologie verbessern, den Spezialisierungsgrad erhöhen und Fertigungsverfahren im großen Maßstab einführen wollen, wobei das Ziel in der Modernisierung von Industriezweigen besteht, die ausländischem Wettbewerb ausgesetzt sind.

Internationale Institutionen könnten bei der Förderung des Anpassungsprozesses eine wichtige Rolle spielen, indem sie den Schwellenländern und weniger entwickelten Ländern, die ihren Handel liberalisieren, finanzielle Hilfestellung leisten. Diese Unterstützung könnte den betreffenden Ländern auch dabei helfen, über eine Ausweitung ihrer Exporte die durch die multilaterale Handelsliberalisierung gebotenen Möglichkeiten zu nutzen.

8. Schlußbemerkungen

Abschließend läßt sich feststellen, daß die multilaterale Handelsliberalisierung im gegenseitigen Interesse der Industrie- und der Entwicklungsländer liegt. Zum einen verringert ein Abbau der eigenen Schutzmaßnahmen die entstehenden volkswirtschaftlichen Kosten und trägt zum Wirtschaftswachstum dieser Länder bei. Zum anderen bietet ihnen die Verringerung des Schutzniveaus ihrer Handelspartner verbesserte Möglichkeiten auf dem Markt.

Die verfügbaren Daten enthalten hinreichende Belege für die hohen volkswirtschaftlichen Kosten des Protektionismus. Das Ausmaß des Handels zwischen den beiden Ländergruppen deutet andererseits auf die möglichen Gewinne hin, die sich bei verbessertem Zugang zum Markt erzielen lassen. In den letzten Jahren haben die Industrieländer ein Fünftel des Zuwachses der Fertigwarenerzeugung in den Entwicklungsländern aufgenommen, während in den Entwicklungsländern Märkte für ein Achtel des Produktionszuwachses aus den Industrieländern vorhanden sind.

Ferner sollte beachtet werden, daß die Devisenausgaben für vermehrte Einfuhren aus den Entwicklungsländern in Form höherer Exporte sowie des Schuldendienstes der Entwicklungsländer wieder in die Industrieländer zurückfließen würden; die Entwicklungsländer geben ja sämtliche Zuwächse ihrer Deviseneinnahmen aus. Gleichzeitig ist der Schuldendienst eine Grundvoraussetzung für ein gesundes Bankensystem in den Industrieländern.

Die Entwicklungsländer wiederum würden ein neues Gleichgewicht bei einem höheren Stand der Ausfuhren und Einfuhren erreichen. Von dem volkswirtschaftlichen Nutzen, den sie dadurch erzielen, einmal abgesehen, würde die sich daraus ergebende Verringerung ihres Anteils am Schuldendienst ihre Kreditwürdigkeit auf den internationalen Finanzmärkten verbessern.

Schließlich sollte betont werden, daß zwischen Einfuhrliberalisierung und Schuldendienst in den Entwicklungsländern kein Konflikt besteht. Die Liberalisierung der Einfuhren stellt einen Anreiz für die Verlagerung von Mitteln in Exportaktivitäten dar. Die Ausweitung der Exporte ermöglicht wiederum eine Tilgung der Schulden durch eine Erhöhung der Inlandsproduktion statt durch Verringerungen bei den inländischen Ausgaben. Auch dies liegt im Interesse der Industrieländer, da die Nachfrage nach ihren Erzeugnissen sonst zurückgehen würde.

Anmerkung

[1] Der Verfasser ist Professor für Volkswirtschaft an der Johns Hopkins University und Berater der Weltbank. In diesem Vortrag stützt er sich über weite Strecken auf eine gemeinsam mit Constantine Michalopoulos verfaßte Studie, die unter dem Titel „Liberalizing World Trade" („Liberalisierung des Welthandels") in der Reihe der Policy Issues Discussion Papers der Weltbank erscheinen soll. Er trägt jedoch die alleinige Verantwortung für die hierin vorgetragenen Auffassungen, die nicht die Meinung der Weltbank darstellen müssen.

III. Spezialprobleme der Entwicklungsländer

Carlos Geraldo Langoni

Die Schuldenkrise: ein finanzielles Problem?

1. Eine Entwicklungskrise

Die Schuldenkrise war wie ein Erdbeben, dessen Wellen eine große Gruppe von Entwicklungsländern erschütterten und ein tragisches wirtschaftliches und soziales Bild zurückließen: tiefe Rezession, zunehmende Arbeitslosigkeit und, schlimmer noch, den Ausblick auf eine Phase anhaltend niedrigen Wachstums, die für einige Länder eine neue düstere Ära mit sinkendem oder stagnierendem Pro-Kopf-Einkommen bedeuten könnte.

Nehmen wir den Fall Lateinamerikas: Zwischen 1982 und 1985 ging das Pro-Kopf-Einkommen um rund 15 Prozent zurück, was eine bedeutsame Änderung der Langzeittendenz darstellt, die in den meisten Ländern des Kontinents durch einen beträchtlichen Zuwachs bei den Realeinkommen gekennzeichnet gewesen war.

Wir erleben das Ende einer Epoche. Die Zahlungsunfähigkeit Mexikos im August 1982 löste eine Kette von Umschuldungen aus, die jedes große Entwicklungsland der Welt erfaßte. Das ist die finanzielle Seite dieser Geschichte. Hierin ist aber auch eine Art Wasserscheide zu sehen, die einen Einschnitt in der Entwicklungsstrategie bedeutete, die auf „Wachstum durch Schuldenmachen" beruhte und von vielen der am wenigsten entwickelten Länder praktiziert wurde. Interessanterweise wurde dieser Entwicklungsprozeß von verschiedenen Ländern Lateinamerikas, Afrikas, Osteuropas und Asiens unabhängig von der politischen Herrschaftsform betrieben. Die Schuldenkrise kann deshalb nicht naiv als „kapitalistische Krise" abgestempelt werden: sozialistische und gemischtwirtschaftliche Systeme waren gleichermaßen nachhaltig von der plötzlichen Verhaltensveränderung der Finanzmärkte betroffen.

Vor 20 Jahren bot sich ein völlig anderes Bild: die Privatbanken führten die langfristige Finanzierung ein, und es kam zu einer schnellen Zunahme der Eurodollareinlagen, aus denen später ein echter Dollar-Weltmarkt gemacht werden sollte. Um die Mitte der siebziger Jahre war das internationale Bankensystem schon Wirklichkeit geworden, und diese Kreditinstitute spielten beim Recycling der sogenannten Petrodollars eine Schlüsselrolle. Während dieser Jahre waren die wichtigsten Empfänger dieser Kredite diejenigen Länder, die sich bemühten, den Entwicklungsprozeß zu beschleunigen und die dringend zusätzliche externe Mittel benötigten, um ihre Infrastruktur aufzubauen.

Die Interessenübereinstimmung war klar zu erkennen. Die internationalen Banken sahen die neuen Möglichkeiten einer Kreditvergabe an Länder gewissermaßen als die Entdeckung des „Steins der Weisen" an: endlich konnten sie hohe Erträge mit (wie sie meinten) völliger Risikolosigkeit verbinden. Damals wäre es unvorstellbar gewesen, daß ein großes Land zahlungsunfähig werden könnte. Parallel dazu träumten auch die Regierungen der Entwicklungsländer von der Möglichkeit, ihre ehrgeizigen Investitionspläne einfach durch Kreditaufnahme auf dem Geldmarkt zu verwirklichen. Wiederum machte man sich anfangs keine Sorgen über mögliche Einschränkungen des Zugangs zum Finanzmarkt. Stillschweigend setzte man eine unbegrenzte Verfügbarkeit von Krediten zu Marktzinsen voraus, deren bisherige Entwicklung einen verhältnismäßig niedrigen und somit ansprechenden realen Verlauf nahelegte.

Diese Konvergenz der Interessen wurde durch zwei bedeutsame institutionelle Entwicklungen besiegelt: in den Entwicklungsländern wurde der Staat zu einem der Hauptbeteiligten am wirtschaftlichen Geschehen, der Prioritäten setzte und selbst unmittelbar als Unternehmer tätig wurde. Nach außen war der Finanzmarkt ein echter freier Markt, da seine Internationalisierung auch einen Schachzug zur Umgehung einzelstaatlicher Vorschriften darstellte. An dieser ungewöhnlichen Schnittstelle zwischen einer konkurrenzfähigen Ressourcenbereitstellung einerseits und einer sehr unvollkommenen (da staatlich gesteuerten) Nachfrage andererseits liegt die Erklärung dafür, weshalb der Prozeß so urplötzlich zum Stillstand kam.

Der diskontinuierliche Verlauf dieses Prozesses hat die wirtschaftlichen und sozialen Kosten der Anpassung natürlich gewaltig gesteigert. Interessanterweise reichte nicht einmal der finanzielle Schock der plötzlichen Veränderung der ausländischen Realzinssätze nach 1978 als Hinweis auf die zu erwartenden wachsenden Probleme aus. Nur wenige Länder versuchten bewußt, den Ereignissen zuvorzukommen und ihre Wirtschaftskonjunktur, vor allem im Bereich der öffentlichen Investitionen, abzubremsen. Nur wenige internationale Banken überprüften ihre Politik der Kreditgewährung im Sinne einer allmählichen Verlangsamung des Ausgabenwachstums. Weder die Regierungen der Industriestaaten noch die multilateralen Organisationen, darunter auch solche wie der IWF, die jetzt stark mit Hilfsaktionen beschäftigt sind, um die Dinge wieder ins Lot zu bringen, hatten irgendeine Warnung ausgesprochen. Wir können somit zu Recht die Feststellung treffen, daß die Ereignisse auf gemeinsames Versagen zurückzuführen waren: ein Versagen des Marktes – der trotz zunehmender Risiken eine unverminderte Zuwachsrate bei der Kreditgewährung zuließ – und der Regierungen – in den Industrie- wie in den Entwicklungsländern –, die nichts taten, um die unmittelbar drohende Bruchlandung in ein weiches Aufsetzen zu verwandeln. Vor allem die Vereinigten

Staaten haben die mit ihrer Entscheidung, die Inflation durch ein ungeeignetes Mix aus Währungs- und Steuerpolitik zu bekämpfen, verbundenen „externen Effekte" nicht ausreichend berücksichtigt. Infolgedessen hat die Welt während der letzten sieben Jahre mit einem gewaltigen Hochschnellen der externen Realzinssätze leben müssen, das zum größten Hindernis auf dem Wege zu einer Bereinigung des Schuldenproblems geworden ist.

Aus diesem gedrängten Rückblick lassen sich zwei bedeutsame Schlußfolgerungen ziehen: die *erste* ist die Notwendigkeit einer eindeutigen Einstufung des Schuldenproblems als *„Entwicklungskrise"* und nicht als bloße „Finanzkrise". Die *zweite* Schlußfolgerung ist die der eindeutigen *gemeinsamen Verantwortung* der verschiedenen Akteure dieses wirtschaftlichen Dramas. Eine Überschuldung kann nicht ohne übermäßige Kreditgewährung zustande kommen: es handelt sich ganz einfach um verschiedene Seiten derselben Medaille. Es ist unfair, die Schuld ausschließlich der „verantwortungslosen Politik" der Regierungen der Entwicklungsländer zuzuschreiben. Alle, auch die Banken und die Industrieländer, sind mitverantwortlich. Allein schon dies sollte das Bemühen um eine auf Zusammenarbeit beruhende Lösung verstärken.

2. Vier Trugschlüsse

In den letzten drei Jahren haben wir ständig die Tendenz beobachten müssen, sich an dieser Realität durch bruchstückhafte Ansätze vorbeizudrücken, die auf einer eindeutigen Unterschätzung des Ernstes der uns beschäftigenden Probleme beruhen.

Bisher lag der Hauptakzent auf Nothilfemaßnahmen, mit denen eine völlige Zerrüttung des Welthandels und der weltweiten Finanzströme vermieden werden konnte, die aber sicherlich keine echte Lösung des Problems darstellen.

Diese Feststellung dürfte aus der Abfolge von Trugschlüssen klarer erkennbar werden, denen sich verschiedene Hauptakteure auf der internationalen Bühne hingegeben haben.

Der erste Trugschluß ist der einer *„marktwirtschaftlichen Lösung"*, dem die Regierung der Vereinigten Staaten noch vor kurzem verfallen war. Der Gedanke bestand darin, das Schuldenproblem durch ein Höchstmaß an internen Anpassungsmaßnahmen und ein Mindestmaß externer Eingriffe zu lösen. Die Regierungen der Industrieländer würden keine ständigen Mittelbindungen vornehmen müssen, sondern nur mit kurzfristigen Krediten akute Liquiditätsprobleme zu beseitigen haben. Das Problem würde durch das Wiedereinsetzen des Wachstums in den OECD-Ländern ganz natürlich gelindert werden. Diese Auffassung wurde übrigens von den wichtigsten Regierungen in Europa und Asien monoton wiederholt. Ihr Anliegen war somit weitaus mehr die Stabilität *ihrer eigenen* Finanzsysteme als die Sorge um negative Auswirkungen auf die Entwicklungsländer.

Der grundlegende Trugschluß bestand darin, eine marktwirtschaftliche Lösung dort zu erwarten, wo keine Marktkräfte am Werke sind. Das Hauptmerkmal dieser Krise war die fast völlige Ausschaltung der freiwilligen Kreditgewährung an die betroffenen Länder. Die Kräfte des Marktes wurden vielmehr durch bürokratische „Beiräte" ersetzt, in denen langwierige Verhandlungen im Gegensatz zu den schnellen Reaktionen des Marktes standen. Gleichzeitig wird bei einer Haltung, die alles von unvorhersehbaren Faktoren wie dem Wachstum in den entwickelten Ländern, dem Verhalten der Zinssätze, protektionistischen Tendenzen etc. abhängig macht, unnötigerweise die Anfälligkeit der Schuldnerländer länger aufrechterhalten. Darüber hinaus blieben die bisher an der externen Front erreichten Ergebnisse hinter den allzu optimistischen ersten Hochrechnungen zurück: die spektakuläre Erholung der Wirtschaft in den USA im Jahre 1984 hielt nicht an, das Abschneiden der Europäer ist weiterhin enttäuschend, die Zinssätze sind nominell gefallen, real aber immer noch sehr hoch, und alle Zeichen deuten auf zunehmenden Protektionismus. Kurz gesagt, in diesen „marktwirtschaftlichen Ansatz" lassen sich nur wenig Hoffnungen setzen: unglücklicherweise kann es in diesem Fall keine natürliche oder spontane Lösung geben.

Der zweite kritische Punkt ist der *„Umschuldungstrugschluß"*. Er ist die unmittelbare Folge der Einschätzung der Krise als reiner Finanzkrise. Wenn dem so wäre, ließe sich das Problem durch einfache Umstrukturierung der Schulden lösen: im wesentlichen durch eine Prolongation der Fälligkeiten und eine Verlängerung der Nachfristen. Diese Umstrukturierung war aber mit dem Versuch verbunden, einige problematische marktwirtschaftliche Aspekte zu erhalten, wie zum Beispiel Aufschläge und die Höhe der Zinssätze. Sie verfestigte darüber hinaus die erste Überreaktion der Banken, die ihre Risiken in den Schuldnerländern deutlich verringerten. Man konzentrierte sich somit auf die automatische Refinanzierung der Tilgung, ohne sich über die langfristige Gewährung neuer Kredite allzuviel Gedanken zu machen. Neue Nettomittel standen nur für die Sicherung der Zinszahlungen zur Verfügung. Die letzte Version dieses Modells war die über Jahre laufende Umschuldung, die mit Mexiko ausgehandelt wurde. Seltsamerweise bedeutete das vorzeitige Ende dieses Modells noch vor dem Erdbeben eine kalte Dusche für die allzu optimistischen Erwartungen, die einige Banker in bezug auf den letztendlichen Erfolg dieser einzelfallorientierten Vorgehensweise geweckt hatten.

Diese Interpretation weist darüber hinaus Denkfehler auf und ist durch die Erfahrungen der letzten Jahre widerlegt worden. Es hat keinen Sinn, unter nichtmarktwirtschaftlichen Verhältnissen Marktbedingungen anwenden zu wollen. Ein Schlüsselparameter des gesamten Schuldenproblems – die Höhe der Marktzinsen – ist überhaupt nicht auf den Verhandlungstisch gelegt worden. Es gibt noch keine eindeutige Definition der langfristigen Mindestfinanzierung der Entwicklungsländer. Somit haben die gewährten Fristverlängerungen die Anfälligkeit des Finanzsystems für eine neue Welle von Fällen des Zahlungsverzugs oder sogar einer vorübergehenden Einstellung der Zinszahlungen durch große Schuldnerländer nicht verringert. In den Finanzzentren herrscht immer noch Ungewißheit, weil jeder weiß, daß die möglichen Kapitalverluste, wenn einige dieser Kredite tatsächlich abgeschrieben werden müssen, genügen, um einige der bekanntesten Banken in Konkurs gehen zu lassen. Auch die Entwicklungsländer sind enttäuscht. Sie stellen fest, daß ihre Reserven auch nach einer Reihe von Fälligkeitsverlängerungen und einschneidenden Maßnahmen im eigenen Land immer noch sehr niedrig sind, so daß sie recht verletzlich bleiben. Diese Anfälligkeit ist bei entscheidenden kurzfristigen Krediten in Verbindung mit gegenseitigen Bankgeschäften oder der Handelsfinanzierung noch größer. Diese Sachlage steht in deutlichem Gegensatz zu den Hoffnungen auf eine automatische Wiederaufnahme der freiwilligen Kreditgewährung, von der einige Banker noch vor kurzer Zeit gesprochen hatten.

Es scheint mittlerweile klar zu sein, daß etwas Substantielleres und Realitätsnäheres geschehen muß, um aus dieser gefährlichen Sackgasse herauszufinden und eine neue Kette einseitiger Reaktionen zu vermeiden.

Dann ist da noch der *„Anpassungstrugschluß"*. Der Grundgedanke dieser vor allem im IWF verbreiteten Vorstellung war der, daß die einfache Wiederholung herkömmlicher, kurzfristig angelegter Programme, wie sie in der Vergangenheit durchgeführt worden waren, ausreichen müßte, um die Schuldnerländer sicher über die Schuldenklippe hinwegzuführen. Auf diesem Gebiet können wir zumindest aus lateinamerikanischer Sicht von fast ausnahmslosem Versagen sprechen. Kein einziges Land war in der Lage, die IWF-Ziele zu erreichen. Unzählige „Letters of Intent" (Schriftstücke mit den wirtschaftlichen Maßnahmen und Auflagen für IWF-Kredite) wurden abgefaßt und gleich darauf zur Makulatur. Dieser immer wieder unterbrochene Prozeß hat nicht nur die internationalen Technokraten in Verlegenheit gebracht und einen nicht wiedergutzumachenden Glaubwürdigkeitsverlust der Regierungen bewirkt, er hat auch die Ungewißheit unnötig verstärkt, die private Geldanleger natürlich mehr als alles andere abschreckt.

Die Ergebnisse sind extern wie intern enttäuschend: intern hat sich die Inflation in praktisch allen Ländern beschleunigt und in einigen Fällen das ungewöhnliche Stadium einer Hyperinflation erreicht. Diese negative Entwicklungstendenz stand den Aussichten auf eine Rückkehr zu stabilem stetigen Wachstum noch stärker im Wege und ließ die bereits hohen sozialen Kosten weiter ansteigen. Extern muß die Bedeutung der Anhäufung gewaltiger Handelsüberschüsse und der erfolgten beträchtlichen Verringerung der Leistungsbilanzdefizite deutlicher umrissen werden. Es handelt sich hierbei im wesentlichen um die Kehrseite der drastischen Beschneidung der externen Finanzierungsmöglichkeiten. Die Länder waren deshalb gezwungen, bei der Umstellung ihrer Zahlungsbilanz auf die neuen externen Einschränkungen in Form einer beträchtlich verringerten Kreditgewährung große Handelsüberschüsse zu erwirtschaften.

Hierzu lassen sich zwei grundlegende Bemerkungen machen: zum ersten werden nicht alle Länder solche gewaltigen Überschüsse auf einem so hohen Stand halten können, daß sie den Schuldendienst noch bestreiten können. Ein schlagendes Beispiel dafür ist die sehr schnelle Verschlechterung der mexikanischen Zahlungsbilanz einfach aufgrund der sinkenden Ölpreise. Zum zweiten sind die Entwicklungsländer im Rahmen dieses Prozesses zu Kapitalexporteuren geworden, was eine grundlegende Veränderung einer historischen Entwicklung darstellt. Im Falle Brasiliens sind nach unseren Schätzungen von 1982 bis

1985 Nettofinanzmittel im Werte von jährlich rund 6 Milliarden US $ abgeflossen, die im Durchschnitt 25 Prozent der Ausfuhren oder 2,5 Prozent des BIP entsprachen. Dieser Mittelabfluß ist keine *vorübergehende* Erscheinung, sondern sieht immer mehr nach einer bleibenden Tendenz aus, solange die Kreditkonditionen nicht geändert werden. Wenn wir neben dieser Umkehr der finanziellen Grundtendenzen noch den Abfluß von Risikokapital betrachten, der in Verbindung mit der gewachsenen Unsicherheit erfolgt, so verstehen wir die neuen Grenzen des Wachstums im Zuge der Schuldenkrise besser.

Dieses jüngste Anpassungsexperiment läßt darauf schließen, daß der zeitliche Rahmen für die Bewältigung der Probleme der Schuldnerländer weit über die starre Begrenzung in den IWF-Programmen hinausreicht. Wir stehen einem echten *strukturellen* Problem gegenüber, bei dem die *Zeit* eine entscheidende Einflußgröße für die Verwirklichung einer realistischen Lösung darstellt. Dementsprechend werden die entscheidenden multilateralen Organisationen mehr marktfremde Ressourcen aufbieten müssen, damit wieder die Investitionen getätigt werden können, die für die genannten strukturellen Anpassungsmaßnahmen erforderlich sind.

Darüber hinaus muß auch der komplexe Zusammenhang zwischen der externen und der internen Anpassung bedacht werden. Natürlich sollte auch den Regierungen der Entwicklungsländer mit Recht ihr langsames Handeln vorgeworfen werden, als es um die Durchführung bestimmter entscheidender institutioneller Reformen ging, die auf eine effizientere Kontrolle der öffentlichen Ausgabentätigkeit und des Staatsdefizits abgestellt waren. Es besteht jedoch kein Zweifel daran, daß der Zwang, auf dem der derzeitige externe Anpassungsprozeß beruht, im Lande selbst zu größeren Schwierigkeiten führt. Ein interessantes Beispiel ist der Zusammenhang zwischen der Auslandsverschuldung und dem Defizit der öffentlichen Hand im Inneren.

Die Zins- und Tilgungszahlungen an das Ausland stellen heute schon einen beherrschenden Faktor der öffentlichen Gesamtausgaben dar.

Die Anpassung weist darum zwei entscheidende institutionelle Teilelemente auf: *Intern* bedarf es der politischen Führung, damit unaufschiebbare Reformen auch machbar werden. *Extern* ist ebenfalls politischer Weitblick geboten, um eine stärkere institutionelle Grundlage mit den innovativen Merkmalen aufzubauen, die für die Bewältigung der derzeitigen Herausforderungen erforderlich sind.

Schließlich müssen wir uns noch mit dem „*unpolitischen Trugschluß*" beschäftigen. Es handelt sich dabei um die oft kommentierte Vorstellung, die Schuldenkrise sei ein „technisches Problem", das darum ohne politische Untertöne ausschließlich auf fachlicher Grundlage angegangen werden sollte. Diese Interpretation hängt natürlich rein logisch mit den übrigen, oben schon erwähnten Trugschlüssen zusammen.

Auch diese Betrachtungsweise enthält einen Widerspruch: aus allen unseren bisherigen Überlegungen ist deutlich geworden, daß die Grenzen des Problems über den privatwirtschaftlichen Bereich hinausreichen und unmittelbar Regierungen und multilaterale Organisationen betreffen. Gerade die Strategie der Banken, nach Möglichkeit von einer langfristigen Finanzierung abzurücken, wird entweder direkt oder indirekt eine stärkere Beteiligung der Regierung erforderlich machen.

Natürlich handelt es sich um ein grundlegend *politisches* Problem. Es bestehen verschiedene methodische Alternativen, sich mit diesen Fragen auseinanderzusetzen. Was oft fehlt, ist der politische Wille, eine mögliche technische Lösung zu verwirklichen.

Nehmen wir zum Beispiel die Frage der Handhabung der Zinszahlungen. Man kann sich recht leicht ein Modell denken, bei dem die Schuldnerländer einen unter den Marktkonditionen liegenden „symbolischen" Zinssatz zahlen würden. Die Differenz würde über einen längeren Zeitraum refinanziert, innerhalb dessen die realen Zinssätze hoffentlich wieder den Gleichgewichtsstand erreichen. Um beträchtliche Verluste für die Privatbanken zu vermeiden, muß dann ein „revolvierender Fonds" gebildet werden, über den die Zentralbanken jedes Landes jeden bestehenden Unterschied zwischen den geltenden Sätzen und den neu ausgehandelten Sätzen automatisch rediskontieren würden. Die technische Tragfähigkeit dieses Modells liegt auf der Hand. Es fehlt an der politischen Entscheidung, die Zentralbanken der Industrieländer direkter in die Umschuldungsverhandlungen einzubeziehen.

Auch hier geht die tatsächliche Entwicklung genau in die entgegengesetzte Richtung. Eine politische Einschätzung der derzeitigen Schuldenkrise ist immer häufiger anzutreffen. Sie erklärt sich aus den enttäuschenden Ergebnissen, die wir oben schon kommentiert haben. Die Schuldnerländer lernen schnell, daß nachdrückliches politisches Handeln in der Tat eine der wenigen Alternativen darstellt, die sie noch haben, um ihre derzeitige Verhandlungsposition auszubauen. Der Grund ist ihre anfällige Wirtschaftslage.

In den letzten Monaten haben lateinamerikanische Führer, wie zum Beispiel Alan Garcia aus Peru und Jose Sarney aus Brasilien, ausdrücklich die politischen Dimensionen dieser Krise deutlich gemacht. Sie sind sich natürlich des strategischen Unterschiedes zwischen dem jetzigen Schuldenproblem und der Herausforderung bewußt, die im Wiederaufbau Europas nach dem Zweiten Weltkrieg bestand. In dem letzteren Fall wurde die historische Entscheidung getroffen, durch den Marshallplan einen beträchtlichen positiven Nettokapitalzufluß zu gewährleisten. Die Strategie lautete also „Wachstum mit Anpassung", dessen Voraussetzung die politische Entscheidung war, die Regierungen direkt in den Prozeß einzubinden. Hätte man damals den gleichen Ansatz gewählt wie heute, auf die natürliche Erholung des Marktes gewartet und harte Bedingungen für die Zahlung von Kriegsreparationen auferlegt, so sähen Europa und die Welt heute wahrscheinlich völlig anders aus. Es läßt sich leicht über das Schicksal der Demokratie in einer von anhaltender Rezession und Elend gekennzeichneten Situation spekulieren. Wie wir schon gesehen haben, besteht die große Gefahr, daß sich im Anschluß an diesen ersten Ausbruch der Schuldenkrise ein ähnliches Bild ergeben könnte.

Die letzte gemeinsame Tagung von IWF und Weltbank in Seoul im Oktober hat erste Anzeichen für eine bedeutsame Änderung der Haltung der Vereinigten Staaten zum Schuldenproblem ergeben. Die Position der Nichtintervention wurde zuerst auf den Devisenmärkten aufgegeben. Es wurde die wichtige Entscheidung getroffen, ein koordiniertes Eingreifen der wichtigsten Regierungen der Industrieländer vorzusehen, um so die Überbewertung des Dollars – so die Einschätzung des Problems – zu korrigieren. Etwas ähnliches wurde, wenn auch mit weniger Nachdruck, in der Schuldenfrage getan. Die USA haben die Privatbanken aufgefordert, sich in den Schuldnerländern mit einem etwas höheren Risiko zu engagieren. Damit wurde klar zu erkennen gegeben, daß eine marktwirtschaftliche Lösung, wie sie bisher versucht worden war, nicht funktioniert hat. Für diesen Schritt werden indirekt auch einschneidendere Maßnahmen der USA erforderlich sein, um die Kapitalbasis des IWF und der Weltbank zu verbreitern. Entscheidend aber ist die *Richtung* der Veränderung, nicht so sehr ihre quantitative Sofortwirkung. Damit treten wir nun wahrscheinlich nach wenigstens dreijähriger Verzögerung in eine neue und hoffentlich ergiebigere Phase der Schuldenverhandlungen ein.

3. Künftige Verhandlungen

Aus unserer bisherigen Analyse können wir nun logisch die allgemeinen Grundzüge einer realistischen Strategie zur Bewältigung der Schuldenkrise ableiten.

Der Ausgangspunkt ist die Erkenntnis, daß wir eine konzertierte Aktion brauchen, bei der alle Hauptkomponenten dieses Problems berücksichtigt sind und die an die Stelle der getrennt geführten Verhandlungen zwischen den Banken, den Regierungen der Entwicklungsländer und dem IWF tritt. Damit soll nicht etwa ein „Schuldnerklub" gebildet werden, dessen praktische Bedeutung angesichts der Vielfalt der unter der Schuldendecke verborgenen Probleme gleich Null wäre. Es handelt sich um die einfache Erkenntnis, daß optimale, effiziente Lösungen die sinnvolle Beteiligung jedes wichtigen Akteurs erfordern.

Nehmen wir das Beispiel des amerikanischen Vorschlags der anhaltenden Gewährung langfristiger Kredite an Entwicklungsländer. Dies wird nur möglich sein, wenn die Regierungen oder die Zentralbanken sich an dem System beteiligen und eine Art Versicherung in bezug auf die Rückzahlung dieser neuen Kredite gewähren.

Wie kann im übrigen der Mindestfinanzierungsbedarf beziffert werden, wenn die Schuldnerländer von den wichtigsten Industrieländern keine förmliche Zusicherung für den Zugang ihrer Exportwaren auf deren Binnenmärkte erhalten?

Ein natürliches Forum, in dem diese verschiedenen Fragen erörtert werden könnten, ist der Paris Club. Er ist heute schon für die Neuverhandlungen über Staatsschulden zuständig. Hier ist ein erweiterter Rahmen nötig, damit neben den Regierungsvertretern auch Privatbankiers anwesend sein können. Auf diese Weise könnten die Probleme der Außenwirtschaftsfinanzierung, der Anpassung und des Handels, die im Augenblick auf verschiedene Organisationen verteilt sind, besser zusammengefaßt werden. Außerdem wäre es so einfacher, gleichzeitig an zwei Fronten zu arbeiten: an der Lösung der tagtäglichen Liquiditätsprobleme und der Vertiefung der Problematik auf der Suche nach realistischeren Lösungen, für deren Durchführung mehr Zeit erforderlich sein dürfte.

Die Institutionalisierung der Schuldenverhandlungen innerhalb des erweiterten Paris Club würde die Gestaltung verschiedener Formen von Regierungsmaßnahmen erleichtern, durch die ein stabilerer externer Rahmen geschaffen werden soll, der die Wirksamkeit des Anpassungsprozesses selbst verbessern wird. Eine Verringerung der übermäßigen Unsicherheit, die in den Entwicklungsländern in dieser Hinsicht herrscht, wäre an sich schon ein Beitrag zur Lösung des Problems, da die Abflüsse privaten Kapitals auf diese Weise deutlich verringert werden könnten.

Bei den Schuldenverhandlungen ist eine grundlegende Veränderung erforderlich: es muß ausdrücklich eine Definition der langfristigen Finanzierungsquellen und der neuen Mechanismen aufgenommen werden, die auf die Erleichterung der übermäßigen Belastung durch Zinszahlungen zu den heutigen marktgängigen Konditionen abgestellt sind.

Beide Initiativen hängen in gewisser Weise miteinander zusammen: je stärker wir die Zinszahlungen verringern, desto niedriger ist der zusätzliche Nettofinanzierungsbedarf. Wir haben bereits beschrieben, wie ein derartiges Modell entwickelt werden könnte, ohne die derzeitige Ertragssituation der Banken zu beeinträchtigen. Es kommt auf die vorübergehende Beteiligung der Regierungen der Industrieländer an, damit ein an die Zinserleichterung erinnernder revolvierender Fonds geschaffen werden kann.

Die Hauptfolge dieses Systems besteht in dem Schutz des Cashflows der Entwicklungsländer vor sprunghaften und damit unvorhersehbaren Entwicklungen bei den Auslandszinssätzen. Eine Ausweitung der derzeitigen Umschuldungsmaßnahmen unter Einschluß der Refinanzierung der Zinsen zuzüglich zur Tilgung wird den Entscheidungsprozeß über die Verhandlungsbedingungen immer mehr weg von den Privatbanken und hin zu den Entwicklungsländern verlagern.

Rein quantitativ läßt sich die entscheidende Bedeutung der Zinszahlungen klar erkennen. Sie sind zu dem bestimmenden Faktor in der Zahlungsbilanz der Schuldnerländer geworden. Im Falle Brasiliens entsprechen die Zinszahlungen dieses Jahres dem Handelsüberschuß: beide liegen bei rund 12 Milliarden US $. Die Anwendung eines von den geltenden Marktkonditionen abweichenden Zinssatzes stellt natürlich einen wichtigen Schritt in der Bewertung des wahren Charakters der derzeitigen Situation dar: leider sind keine Marktkräfte mehr am Werke.

Die Ermittlung der langfristigen Finanzierungsquellen ist für eine effizientere Steuerung des Anpassungsprozesses ebenfalls von großer Bedeutung. Die jüngste Tendenz bestand in dem völligen Rückzug der Privatbanken aus diesem Bereich, ohne daß die Art möglicher Substitutionslösungen irgendwie umrissen worden wäre. Hätte diese Tendenz angehalten, so hätten die Schuldnerländer nicht mehr auf einen Beitrag der ausländischen Spartätigkeit zählen können. Sie wären ganz im Gegenteil dazu verurteilt gewesen, fast ständig zu Nettokapitalexporteuren zu werden.

Diese trüben Aussichten erklären den Nachdruck, mit dem die Vereinigten Staaten an die Frage des Engagements der Privatbanken bei neuen Nettokrediten herangegangen sind. Gleichzeitig wird aber auch eine breitere Kapitalbasis für bedeutende multilaterale Organisationen, wie die Weltbank, die Interamerikanische Entwicklungsbank und den IWF, erforderlich sein.

Schließlich noch eine Bemerkung zum inneren Anpassungsprozeß. Eine Veränderung der Bedingungen der Schuldenverhandlungen in der oben dargestellten Form wird die Durchführung der erforderlichen inneren Reformen erleichtern. Dadurch würde zum Beispiel die externe Finanzierungsbelastung des defizitären Staatshaushaltes verringert. Außerdem würden so die inflationären Folgewirkungen der erzwungenen Erwirtschaftung von Handelsüberschüssen gemildert.

Es bleibt jedoch noch viel mehr zu tun. Die Vorstellung, eine bloße Veränderung der Kreditbedingungen würde automatisch und fast sofort das Wachstum in den Entwicklungsländern wieder in Gang bringen, ist naiv und unzutreffend. In der Binnenwirtschaft dieser Länder bestehen enorme Verzerrungen, die nun, wo die schützende Decke des schnellen Wachstums weggezogen ist, deutlicher werden. Grundlegende soziale Probleme sind noch nicht sachgerecht angegangen worden. Das „Wachstum durch Schuldenmachen" war nämlich in extremer Form auf eine „Industrialisierung um jeden Preis" ausgerichtet. Diese Strategie verstärkte die internen Ungleichgewichte, die sich im Laufe des Entwicklungsprozesses fast zwangsläufig ergeben. Im Falle Brasiliens ist das explosionsartige Wachstum der Städte mit Vierteln, in denen absolute Armut herrscht, die sichtbarste Verzerrung.

Angesichts konkreter Einschränkungen sind die Entwicklungsländer nun dabei, ihre Wachstumsstrategie zu überprüfen. Sie haben damit die einmalige Gelegenheit, eine tiefgreifende institutionelle Reform durchzuführen, die einige der oben erwähnten Ungleichgewichte korrigieren wird.

Im Grunde geht es um eine Neufestlegung der Prioritäten und eine massive Umverteilung von Ressourcen. Ein entscheidender Aspekt dabei ist die Kanalisierung von Ressourcen aus dem öffentlichen in den privaten Sektor. Immer mehr Hinweise deuten darauf hin, daß der Staatsanteil in diesen Volkswirtschaften weit über das Maß hinausging, das mit „Marktunvollkommenheit" oder „nationaler Sicherheit" begründet werden konnte. Es gibt ferner auch Anzeichen dafür, daß das übermäßige Eingreifen des Staates in die Wirtschaft auf Kosten wichtiger sozialer Ziele erfolgte, die im Grunde das Hauptanliegen des Staates sein müßten.

Eine andere wichtige Frage ist die Aufteilung der Ressourcen auf die verschiedenen Sektoren: einige Länder wie Brasilien haben gerade die Landwirtschaft, den Bergbau und andere Tätigkeiten des Primärsektors als wichtige Devisenquelle und Möglichkeit der Arbeitsbeschaffung wiederentdeckt. Dies ist sowohl vom Zuteilungs- als auch vom Verteilungsstandpunkt aus betrachtet eine sehr gesunde Veränderung.

Schließlich sollten die Bemühungen um eine Diversifizierung der Ausfuhren fortgesetzt werden. Es ist nicht nur von entscheidender Bedeutung, die zeitliche Variabilität des Devisenaufkommens möglichst gering zu halten, sondern es ergeben sich dabei auch bedeutsame Effizienzvorteile, die an die gesamte Wirtschaft weitergegeben werden. Im Falle Brasiliens hat der Zugang zum Weltmarkt die Belebung vieler einheimischer Industrien ermöglicht, die anfangs unter dem Schutzschirm des Protektionismus gestanden hatten.

Für alle hier erwähnten Reformen wird ein langer Anpassungszeitraum erforderlich sein. Es wäre eine absurde Vorstellung, der IWF habe die technischen oder finanziellen Möglichkeiten, diesen komplexen Prozeß zu verfolgen. Die Banken werden sich nach einer anderen institutionellen Sicherheit umsehen müssen, um sich für ihre erzwungene Kreditgewährung Mut zu machen. Ein natürlicher Partner ist dabei die Weltbank, die auf Bretton Woods zurückgehende Institution, die sich mit Entwicklungsfragen und nicht nur mit kurzfristigen Anpassungsproblemen zu beschäftigen hat. Die Weltbank ist flexibler und verfügt über eine bessere politische Hebelwirkung als der im Ansehen stark gesunkene IWF, wenn es um ein Engagement für derartige langfristige Programme geht.

4. Schlußfolgerungen

Die Hauptstoßrichtung dieses Vortrags zielt darauf, die Schuldenkrise als Entwicklungsproblem statt als bloßen finanziellen Engpaß anzusehen.

Wir stehen am Scheideweg und müssen entweder eine neue Entwicklungsphase – möglicherweise mit einer stärkeren sozialen Komponente – erreichen, oder wir könnten in eine düstere Zeit mit langsamem Wachstum, Arbeitslosigkeit und chronischer Inflation hineingestoßen werden.

Die Lösung muß gleichzeitig über ein Bündel externer und interner Reformen gefunden werden. Eine einseitige Anpassung an nur einer dieser beiden Fronten wird äußerst kostspielig und möglicherweise nicht durchzuhalten sein.

Für diese konzertierte Aktion ist politischer Führungswille oder staatsmännische Kunst („statesmanship") im Sinne Kissingers vonnöten. Es gibt jedoch keine Alternative. Drei Jahre Versuche mit „marktgerechten Lösungen" haben mehr Enttäuschung als Zufriedenheit gebracht. Erfreulicherweise gibt es erste Anzeichen dafür, daß nach der letzten Tagung von IWF und Weltbank in Seoul ein neuer, realistischerer Ansatz zustande gekommen ist.

Nutzen wir diese Gelegenheit und handeln wir schnell, damit wir nicht erneut in eine Liquiditätsfalle hineintappen. Wir müssen unbedingt in eine neue Phase der „Anpassung durch

Wachstum" eintreten, nicht nur, um den dringenden sozialen Forderungen der Entwicklungsländer zu begegnen, sondern auch im Hinblick auf den Erhalt der jungen Demokratien. Die Schuldenkrise hat uns daran erinnert, wie groß die Interdependenz in der Welt von heute ist. Eine Entscheidung in Brasilia kann sogar die mächtigste Bank der Wall Street beeinflussen. Wir haben hier eine einmalige Gelegenheit, eine auf Zusammenarbeit beruhende Lösung zu erarbeiten, bei der die Kosten der unvermeidlichen Anpassungen gerechter auf die verschiedenen Akteure aufgeteilt werden. Bisher hatte die Last in Form nicht wiedergutzumachender Verluste bei den Realeinkommen fast ausschließlich auf den Schultern der Entwicklungsländer gelegen. Die Banken und die Regierungen der Industrieländer waren kaum betroffen. Der Grundsatz, von dem alle Verhandlungen bestimmt sein müssen, ist der der Fairneß. Wir sollten diesen Grundsatz anerkennen und gemeinsam gegen die Ungerechtigkeit kämpfen.

Juergen B. Donges

Die Auslandsverschuldung: Herausforderungen für die Wirtschaftspolitik

Den Ausführungen von Professor Langoni kann man sicherlich in verschiedenen Punkten beipflichten, aber nicht in allen. Um deutlich zu machen, wo und wie ich die Akzente anders setzen würde, stelle ich die folgenden 10 Thesen zur Diskussion.

1. Obwohl sich nach der dramatischen Zuspitzung der internationalen Verschuldungskrise in den Jahren 1982/83 die Lage entspannt hat, wäre es voreilig, wollte man nunmehr Entwarnung geben. Zu lange hatten Entwicklungsländer (vor allem in Lateinamerika) mit hohen Haushaltsdefiziten, einer galoppierenden Inflation und einer chronisch überbewerteten Währung gelebt, strukturelle Verwerfungen im Industrialisierungsprozeß hingenommen, die Landwirtschaft vernachlässigt, Kapitalverschwendung betrieben und die Kapitalflucht angeheizt, als daß man hätte hoffen können, in wenigen Jahren wieder aus dem Ärgsten heraus zu sein. Zu lange auch hatten die Industrieländer Entwicklungshilfe für die Finanzierung unproduktiver öffentlicher Konsumausgaben bereitgestellt und waren private Geschäftsbanken, häufig unter dem Schutz staatlicher Bürgschaften, ökonomisch fragwürdige Engagements eingegangen. Das Verschuldungsproblem wird infolgedessen noch lange zu den Haupttraktanden der internationalen Wirtschafts- und Entwicklungspolitik gehören. Dabei geht es nicht primär um die Frage, ob die Entwicklungsländer jemals ihre Kredite voll zurückzahlen werden, sondern darum, wie und in welchem Zeit-

raum es gelingen kann, die drückenden Zinslasten zu mildern und die internationale Kreditwürdigkeit wiederherzustellen.

2. Gemessen an den sehr pessimistischen Erwartungen, die bei Ausbruch der Verschuldungskrise vorherrschten, hat das internationale Krisenmanagement recht gut funktioniert. Dank zahlreicher Umschuldungsmaßnahmen ist die Schuldendienstquote im Durchschnitt der (ölimportierenden) Entwicklungsländer wieder etwas gesunken, und vielerorts sind notwendige interne Anpassungsmaßnahmen eingeleitet worden. Der Höhenflug des Dollars in Verbindung mit dem kräftigen Konjunkturaufschwung in den Vereinigten Staaten 1983/84 hat dazu beigetragen, daß über eine Exportexpansion die inländischen Sachkapazitäten wieder besser ausgelastet und Leistungsbilanzdefizite abgebaut wurden.

3. Daß noch nicht Entwarnung gegeben werden kann, hat mehrere Gründe: Das internationale Zinsniveau ist real immer noch hoch, die protektionistischen Kräfte in den Industrieländern sind weiterhin stark, der US-Dollar fällt. Angesichts sinkender Ölpreise und rückläufiger Rohstoffpreise erweitert sich der Kreis der Problemländer um verschiedene OPEC-Staaten und (vor allem afrikanische) Rohstoffexporteure. Außerdem ist ungewiß, ob die Regierungen in den Schuldnerstaaten den rigorosen Anpassungskurs durchhalten, ohne den die Gesundung der Wirtschaft nicht möglich sein wird. Und bedenklich ist schließlich auch, daß mehrere hochverschuldete Länder, der „Musterknabe" Mexiko eingeschlossen, immer noch eine starke Kapitalflucht verzeichnen, was darauf hindeutet, daß es den heimischen Sparern und Investoren an Vertrauen in die Wirtschaftspolitik ihrer Regierungen mangelt.

4. Worauf es trotz der anhaltenden Risiken und Unsicherheiten jetzt ankommt, ist, den Kapitalstrom in die verschuldeten Länder nicht abreißen zu lassen. Dies mag, neben mehr öffentlicher

Entwicklungshilfe und wieder zunehmenden privaten Direktinvestitionen, auch eine „unfreiwillige" Kreditgewährung seitens der Geschäftsbanken einschließen; die Banken könnten mit solchen Ergänzungskrediten das Ausfallrisiko für Altschulden verringern und die unerwarteten Zinseinnahmen „verrechnen", die ihnen der reale Zinsanstieg der letzten Jahre beschert hat. Wegen der im allgemeinen niedrigen inländischen Sparquote wird es ohne eine kräftige Kapitalzufuhr aus dem Ausland nicht gelingen, in den Entwicklungsländern die Antriebskräfte des wirtschaftlichen Wachstums so zu stärken und das Exportpotential so zu vergrößern, daß ein ordnungsgemäßer Schuldendienst wieder möglich wird.

5. Daß derzeit zahlreiche Schuldnerländer Handelsbilanzüberschüsse erzielen, ist Teil des unvermeidlichen Anpassungsprozesses, stellt allerdings nicht, wie häufig behauptet wird, einen Nettoressourcentransfer von dem (armen) Süden in den (reichen) Norden dar. Kein Schuldner, ob Land oder Unternehmen, kann damit rechnen, fällige Zinsen für eine empfangene Leistung – die Kapitalbereitstellung – unbegrenzt durch neue Kreditaufnahme finanzieren zu können; wenigstens ein Teil der Rechnung muß aus der eigenen wirtschaftlichen Leistung beglichen werden. Und wer sich hierzu in der Lage zeigt, wird (oder bleibt) kreditwürdig für ausländische Kapitalgeber.

6. Eine ganz besondere Verantwortung für die Wiedererlangung von Kreditwürdigkeit tragen die Schuldnerländer selbst. Die überhöhten Budgetdefizite müssen reduziert, die hohen Inflationsraten gedrückt, die überbewerteten Wechselkurse korrigiert, die verzerrten Preisrelationen auf den Güter- und Faktormärkten entzerrt, die Exportchancen im internationalen Wettbewerb entschlossener genutzt, die Anreize für die interne Ersparnisbildung gestärkt und die Standortattraktivität für ausländische Direktinvestitionen verbessert werden. In der Wirtschaftspolitik ist mehr Effizienzdenken und weniger Umverteilungs-

denken gefragt, sie muß mehr für individuelle Entfaltungsspielräume sorgen und nicht auf staatliche Bevormundung des einzelnen setzen. Dann gäbe es vermutlich auch weniger Kapitalflucht, und Fluchtkapital könnte zur Rückkehr bewegt werden. Bestrebungen hingegen, einen allgemeinen Schuldenerlaß zu erwirken, oder Überlegungen zur Bildung eines Schuldnerkartells mit dem Ziel des Zahlungsboykotts oder Maßnahmen, die die Schuldendienstzahlungen auf einen bestimmten Prozentsatz der Exporterlöse begrenzen (nach dem Muster der peruanischen 10-Prozent-Formel), wären im höchsten Maße kontraproduktiv. Die Entwicklungsländer wären für eine lange Zeit von der internationalen Kapitalzufuhr abgeschnitten. Nicht Kuba, sondern Südkorea sollte den Schuldnerländern als Wegweiser dienen.

7. Die Regierungen der Gläubigerländer sind freilich auch gefordert. Haushaltskonsolidierung, Geldwertstabilität, der Abbau von Handelsbeschränkungen und die Stärkung der Marktkräfte für eine anhaltende Ausweitung der Investitionstätigkeit stecken den wirtschaftspolitischen Aktionsradius ab. Anders gewendet: Die Industrieländer müssen mitwirken, auch durch eine bessere Wirtschaftspolitik und nicht nur durch mehr Finanzierung. Spielen die Industrieländer ihre Rolle nicht, so liefern sie womöglich den Schuldnerländern einen Vorwand, um unpopuläre Anpassungsmaßnahmen rückgängig zu machen oder gar nicht erst in Angriff zu nehmen und um fällige Zahlungen nicht zu leisten.

8. Damit der interne Anpassungsdruck in den Schuldnerländern in erträglichen Grenzen bleibt, wird es auch künftig internationale Unterstützungsmaßnahmen geben müssen. Dabei ist Fall-zu-Fall-Regelungen der Vorrang vor globalen Lösungsansätzen einzuräumen, um möglichst vielen spezifischen Gesichtspunkten Rechnung tragen zu können. Ferner wird es notwendig sein, längerfristige Umschuldungsprogramme zu vereinbaren, wobei der Internationale Währungsfonds weiterhin eine zentrale Rolle

zu spielen hat und wirtschaftspolitische Effizienzauflagen (die über die herkömmliche, einseitig zahlungsbilanzorientierte Konditionalität hinausgehen) wohl unentbehrlich sind, um die Erfolgschancen möglichst groß werden zu lassen. Gegebenenfalls sollte man auch unkonventionelle Wege in Betracht ziehen (zum Beispiel Umwandlung der Schulden in handelbare Forderungen und Beteiligungstitel, Kapitalisierung von Zinszahlungen, Umstellung von Dollar-Verbindlichkeiten in andere Währungen, internationaler Zinsausgleichsfonds). Die Weltbank und die regionalen Entwicklungsbanken schließlich müßten mit langfristigen Strukturanpassungsdarlehen die internen Entwicklungsbemühungen unterstützen, was wohl eine Kapitalaufstockung in diesen Organisationen erfordert.

9. Der nordamerikanische „Baker-Plan", der auf der Jahrestagung des Internationalen Währungsfonds und der Weltbank Anfang Oktober 1985 in Seoul für so viel Furore sorgte, hat der Behandlung des Problems auf politischer Ebene eine neue Perspektive gegeben. Doch wichtige und schwierige Detailfragen bei dem vorgeschlagenen Zusammenspiel von Regierungen, multilateralen Finanzierungsinstitutionen und privaten Geschäftsbanken sind offengeblieben. Außerdem gilt es, unerwünschten Nebenwirkungen rechtzeitig entgegenzutreten, so etwa der Gefahr,

– daß die Weltbank und andere multilaterale Entwicklungshilfeinstitutionen die Schuldnerländer (trotz ihres vielfach schon fortgeschritteneren Entwicklungsstandes) begünstigt, und zwar zu Lasten der ärmeren Länder, die traditionell auf Entwicklungshilfe angewiesen sind;

– daß auch die Geschäftsbanken, die in den Baker-Plan einwilligen, weniger Kredite für die guten Risiken in der Dritten Welt zur Verfügung stellen;

– daß der Staat, wenn er die Geschäftsbanken zu einem verstärkten Kreditengagement in den hochverschuldeten Ländern drängt, später, sollten Verluste auftreten, in die Pflicht genommen wird.

10. Auch bei noch so gut koordinierten internationalen Unterstützungsmaßnahmen werden vermutlich die einzelnen Schuldnerländer nicht im Gleichschritt von ihrem Schuldenberg herunterkommen; dazu gibt es in der Dritten Welt einfach zu große Unterschiede in den inländischen Produktionsbedingungen, in den ordnungspolitischen Konzeptionen und in den gesellschaftlichen Rahmenbedingungen. Vermutlich wird das eine oder andere Land, wenn es erst mal aus dem Schlimmsten heraus ist, künftig wieder rückfällig; das war auch in der Vergangenheit häufig so und ist letztlich eine (natürlich ungewollte) Nebenwirkung von internationalen Hilfsaktionen, weil diese zu kreditwirtschaftlicher Nachlässigkeit verleiten können. Dies sind freilich keine entscheidenden Einwände gegen koordinierte therapeutische Maßnahmen an der Schuldenfront.

Helmuth Klauhs

Auswirkungen des Investitionsklimas auf die Kreditvergabe durch private Banken

1. Die Rolle der privaten Banken in der internationalen Finanzierung

Die internationale Verschuldungskrise wurde nicht gelöst, sondern höchstens partiell entschärft und vertagt. Sie hat eher neue negative Momente durch niedrige Rohstoffpreise, durch die Abflachung der amerikanischen Konjunktur und durch das Nachlassen der Akzeptanz und Durchsetzbarkeit getroffener Maßnahmen und Vereinbarungen in den betroffenen Ländern erhalten. Neue Strategien, wie etwa der Baker-Plan mit der Schaffung neuer Liquidität und der Grundthese: Rückzahlung durch Wachstum, stoßen auf große Schwierigkeiten und müssen erst Konturen bekommen. Ich stimme mit den Vorrednern überein, daß mit finanztechnischen Maßnahmen allein das Problem nicht zu lösen ist. Das war nur am Anfang, zum Beispiel durch die Schaffung der Euromärkte, der Fall. Es ist daher durchaus richtig, diesen Problemkreis auch in diesem Kreis zu debattieren, also in einem Kreis, bei dem ethische Gesichtspunkte sicherlich bei allen ökonomischen Notwendigkeiten mit eine Rolle spielen. Herrn Professor Langoni ist zuzustimmen, daß wir neben der ökonomischen Situation auch politische Gesichtspunkte berücksichtigen müssen und wirtschaftliche Abkommen einer Absicherung durch Staaten oder internationale Risikogarantiegemeinschaften bedürfen. Das gleiche gilt, wenn Zinsen unter die Marktzinssätze abgesenkt werden sollen. Weitere be-

achtenswerte Möglichkeiten innerstaatlicher Art haben Herr Dr.
Benecke und Professor Donges angeschnitten.

Aber auch auf ökonomischer Ebene gibt es einiges zu ändern.
Und das betrifft in erster Linie die privaten Banken, denen auch
in Zukunft die überragende Bedeutung bei der internationalen
Finanzierung zukommen wird.

Die Zeiten des klassischen Recycling, wo kürzerfristige Petrodollars in längerfristige Bankkredite an Entwicklungsländer
transformiert wurden, sind schon längst vorbei. Petrodollars dotieren die Weltliquidität nicht mehr so wie früher, die Verschuldungsgrenzen sind in vielen Ländern erreicht, die Solvabilität
getätigter Investitionen hat sich nicht erwiesen, die Industrieländer bekommen selbst Schwierigkeiten durch zunehmende
Arbeitslosigkeit, geringeres Wachstum, Protektionismus, Inflation etc. Die privaten Banken müssen im Hinblick auf die Verantwortung für ihre Einleger bei Kreditgewährungen größere
Vorsicht walten lassen. Die „Zwangskreditvergabe" in Form
von Umschuldungen ist als Folge von Fehlentwicklungen nunmehr in den Vordergrund getreten.

Bei allem Erfolg der zur Eindämmung der Schuldenkrise getroffenen Maßnahmen hat sich doch im Zeitraum von 1974 bis 1984
die internationale Schuldenstruktur besonders in zwei Merkmalen wesentlich verschlechtert: Erstens haben die variabel verzinsten Verbindlichkeiten beachtlich zugenommen (etwa 80 Prozent der Schulden der Entwicklungsländer gegenüber Banken
sind mit Zinsänderungsklauseln versehen, überwiegend LIBOR
und die amerikanische Prime Rate) mit der Gefahr, daß es wieder höhere Zinsen geben könnte. Zweitens haben sich die Fälligkeiten verkürzt.

Per Ende 1984 hatten die an die BIZ berichtenden Banken insgesamt 567,3 Milliarden US-$ an Länder außerhalb ihres Be-

Kredite per Ende 1984

	insgesamt in Milliarden US-$	davon mit Fälligkeit bis 1 Jahr (Prozent bzw. Prozent-Punkte)
Kredite an Länder außerhalb des Berichtsgebietes		
Stand 1984	567,3	41,3
Veränderungen 1984	+ 8,4	− 3,0
davon:		
1) Kredite an entwickelte Länder außerhalb des Berichtsgebietes:		
Stand 1984	137,7	44,6
Veränderung 1984	+ 9,6	+ 1,9
2) Entwicklungsländer (ohne OPEC):		
Stand 1984	296,7	36,4
Veränderung 1984	+ 5,6	− 6,3
davon: Lateinamerika:		
Stand 1984	194,6	30,6
Veränderung 1984	+ 4,3	− 8,5
3) Osteuropa:		
Stand 1984	46,7	37,3
Veränderung 1984	− 3,6	− 0,4
4) OPEC-Länder:		
Stand 1984	85,6	55,1
Veränderung 1984	− 3,5	− 0,4

Prozentdifferenzen durch Rundungen

Quelle: „Die Fälligkeitsverteilung der internationalen Bankausleihungen", 2. Halbjahr 1984, BIZ, Juli 1985.
Berichtende Banken aus: Zehnergruppe, Österreich, Dänemark, Irland, Luxemburg zuzüglich deren ausländische Niederlassungen.

richtsgebietes vergeben, wobei die Entwicklungsländer ohne OPEC und hier wiederum Lateinamerika die größten Anteile beanspruchten. Der Zuwachs im Jahr 1984 betrug 8,4 Milliarden US-$, worin allerdings, wie Herr Gonzales-Schmal betont hat, einige unfreiwillige Kreditgewährungen enthalten sind. Nebenstehend ein Überblick über die Größenordnungen, mit denen wir es zu tun haben:

Um der Verschlechterung entgegenzutreten, sind neben der allgemeinen Verbesserung des Investitionsklimas und der Erhaltung der Importfähigkeit der Gläubigerländer zu Preisen, die für die Dritte Welt akzeptabel sind, die Niedrighaltung des Zinsniveaus wegen der eingegangenen variablen Verzinsung und eine Verbesserung der Fälligkeitsstruktur nötig. Die Fälligkeitsstruktur hat sich zwar im letzten Jahr von 44,3 Prozent Krediten mit einer Laufzeit bis zu einem Jahr auf 41,3 Prozent etwas verbessert, was hauptsächlich auf die Umschuldungen zurückzuführen ist. Das ist aber sicher nicht hinreichend.

2. Das Investitionsklima sollte als Kriterium einer neuen Kreditvergabe größere Bedeutung haben

Im Zusammenwirken zwischen Gläubiger- und Schuldnerländern müssen die individuelle Projektprüfung, die Beurteilung des Investitionsklimas und die Selbstliquidierungsmöglichkeit der von privaten Banken gegebenen Kredite mehr in den Vordergrund gerückt werden. Die Kreditprüfung im Inland gründet sich im wesentlichen auf die Kundenbindung und die Güte der vorgelegten Bilanzen. Beim Auslandskredit innerhalb der industrialisierten Welt sollte im Prinzip das gleiche gelten.

In den Ländern der Dritten Welt gab es aber häufig zusätzliche Sonderfaktoren der Bewertung:

– Betriebe sind im „natürlichen" Wachstumsprozeß vielfach kaum über die Größe eines kleinen Familienbetriebes hinausgekommen;

– der weitere „Fortschritt" wird von oben herab konzipiert und ausgeführt, je nach Land, vornehmlich durch ausländische Großbetriebe oder durch im Lande gegründete Staatsbetriebe; Privatinitiative hatte wenig Platz;

– eine Fehlleitung von Ressourcen in unproduktive Vorhaben war nicht selten, was auch Herr Gonzales-Schmal bereits erwähnt hat;

– ebenso wurde die natürliche Wirtschaftsstruktur, besonders oft die Landwirtschaft über Gebühr vernachlässigt;

– auch der Fortbetrieb von Betrieben erfordert Vorbildung und Know-how.

Ich muß zugeben, daß die internationale Bankenwelt diese Faktoren, die eben gerade die Rahmenbedingungen einer Investition und das Investitionsklima bestimmen, vielfach vernachlässigt hat und sie noch immer vernachlässigt. Staatsgarantien und Länderlimite lassen die Frage in den Hintergrund treten, ob eine von der Bank finanzierte Anlage wirtschaftlich produziert und so die Investitionskosten hereinspielt. Analog verlagert sich die Bonitätsbeurteilung vom Individualschuldner zur Zahlungsbilanz des betreffenden Landes.

Den Banken darf man eigentlich keinen Vorwurf machen, daß sie unter den gegebenen Umständen mehr auf Staatsgarantien, staatliche Bonität und Länderrisiken schauen und die Kreditkontrolle nicht bis in die einzelnen Projekte voll fortsetzen. Supranationale Organisationen können hier sicher helfend einspringen.

Als spezifische Risikofaktoren in den Ländern der Dritten Welt, die man weitgehend unter dem Begriff Investitionsklima zusammenfassen kann, müßten also mehr als bisher bei neuen Kreditvergaben geprüft werden:

- Besitzt das Management das erforderliche Know-how?

- Ist der Markt für die herzustellenden Produkte vorhanden?

- Kann die Produktion zu konkurrenzfähigen Preisen erfolgen und eine angemessene Rendite erwirtschaftet werden?

- Wenn nicht, sind befristete Schutzzollmaßnahmen sinnvoll und möglich?

- Ist sichergestellt, daß die Schuldner auch eigene haftende Mittel einsetzen?

- Sind die Entscheidungsgremien ausreichend frei von Beeinflussungen aller Art?

Die Bundesrepublik Deutschland schließt Investitionsförderungsverträge mit den Entwicklungsländern ab, in denen diese bestimmte Rahmenbedingungen, also ein bestimmtes Investitionsklima, garantieren müssen. Die Verträge sind dann Voraussetzung dafür, daß die Bundesrepublik Bankkredite an diese Entwicklungsländer garantiert. Ich meine, daß wir dann, wenn wir auf diesem Wege fortfahren, insgesamt einen sinnvollen Beitrag zur Bewältigung der Schuldenkrise leisten können.

Rafael Moreno

Strategien zur Bekämpfung des Hungers

1. Einführung

Zuerst möchte ich Ihnen dafür danken, daß Sie mich zu diesem Seminar eingeladen haben, und Ihnen sagen, wie sehr ich mich über diese Gelegenheit freue, einige Vorstellungen und Überlegungen zu den Bemühungen vorzutragen, die zur Bekämpfung des Hungers und der Unterernährung in der Welt unternommen werden. Im Namen des Generaldirektors der FAO, der Organisation der Vereinten Nationen für Ernährung und Landwirtschaft, möchte ich außerdem den Organisatoren dieser Veranstaltung unsere Anerkennung für die Anteilnahme und das Interesse bekunden, die sie bei der Analyse des Problems des Hungers und den Strategien zu seiner Beseitigung an den Tag gelegt haben. Wie Sie alle wissen, feierte die FAO am 16. Oktober dieses Jahres ihr vierzigjähriges Bestehen – 40 Jahre lang also hat sie auf dem Gebiet der Förderung der Ernährung und der Landwirtschaft der Menschheit gedient. Während dieser Zeit hat sie sich vorwiegend auf die Ziele der angemessenen Ernährung aller und eines Lebens ohne Elend für alle Völker dieser Erde konzentriert.

Es konnten bemerkenswerte Ergebnisse erzielt werden. Die Mangelsituation ist gelindert, viele Probleme sind gelöst und Millionen von Menschenleben gerettet worden. Dennoch sind die Ziele einer angemessenen Ernährung aller und eines befriedigenden Lebensstandards der Landbevölkerung nicht erreicht worden.

Anläßlich dieses 40. Jahrestages, der darüber hinaus mit dem 40. Jahrestag des Inkrafttretens der Charta der Vereinten Nationen zusammenfällt, gedachte Seine Heiligkeit Johannes Paul II. in einer Predigt während des Pontifikalamts im Petersdom dieses Ereignisses, wobei er der Arbeit der FAO und des Systems der Vereinten Nationen Anerkennung zollte und seine Besorgnis über den Hunger und die Armut zum Ausdruck brachte, in der so viele Menschen leben müssen. Angesichts dieser Situation betonte der Papst die dringliche Notwendigkeit, einen weltweiten Pakt zur Ernährungssicherheit moralisch und rechtlich anzuerkennen, wie er von der FAO den Mitgliedstaaten zur Lösung dieser Probleme vorgeschlagen wurde. Die Worte Seiner Heiligkeit Johannes Pauls II. stellen eine Ermutigung und eine wertvolle Unterstützung für uns alle, vor allem aber für die Armen dar.

Ungeachtet der bemerkenswerten wissenschaftlichen und technischen Fortschritte, die während der letzten Jahre erzielt werden konnten, sowie der Tatsache, daß wir nun über ausreichende Mengen an Nahrungsmitteln verfügen, um den grundlegenden Bedarf aller Menschen decken zu können, ist die Zahl der hungernden Menschen auf der Welt heute höher als je zuvor.

Wie können wir dieses grausame Paradoxon erklären? Wie können wir die absurde Situation rechtfertigen, in der Millionen von Männern, Frauen und Kindern an Nahrungsmangel leiden und sterben, während einige Länder Überschüsse haben oder gewaltige Nahrungsmittelmengen aus Preis- oder Marktgründen vernichten?

Wie lassen sich das Gewissen und die Moral angesichts der schrecklichen Situation beruhigen, in der Jahr für Jahr 15 Millionen Kinder unter fünf Jahren in den Entwicklungsländern an Unterernährung und Krankheit sterben? Dies sind Fragen großer Bedeutung, die an die Grundlagen rühren, auf der die derzeitige nationale und internationale „Ordnung" beruht, und sie verlangen ernsthafte und tiefschürfende Überlegungen.

Das Hauptaugenmerk dieses Beitrags liegt auf den Strategien zur Bekämpfung des Hungers. Das Hauptziel der sozialen, wirtschaftlichen und kulturellen Entwicklung besteht in der Verbesserung des Lebensstandards und der Lebensqualität der Menschen. Dies ist in einer Reihe von Entwicklungsstrategien verkündet und wiederholt worden, die von den Vereinten Nationen während verschiedener Stadien des Nord-Süd-Dialogs verabschiedet wurden, und stellt eines der Ziele der Neuen Weltwirtschaftsordnung dar. Allerdings sind die Entwicklungsmodelle und -strategien, die bisher von den Ländern selbst und von der Völkergemeinschaft angewandt wurden, gescheitert.

Wenn wir deshalb das Problem des Hungers und der Strategien zu seiner Beseitigung untersuchen wollen, müssen wir die Entwicklungsstrategien und die dadurch hervorgerufenen Probleme im Lichte der bisherigen Erfahrungen und der Herausforderungen überprüfen, denen sich die Welt heute gegenübersieht und die in Zukunft auftauchen dürften.

Die Menschheit durchlebt heute eine der kritischsten Phasen ihrer Geschichte, und es ist keine Übertreibung, wenn es heißt, das Überleben unserer Zivilisation hänge in hohem Maße von unserer Bereitschaft ab, die grundlegenden Ursachen dieser Krise anzugehen, und der Frage, wie der beachtliche wissenschaftliche und technische Fortschritt in unserer Zeit genutzt werden kann.

Wenn wir die Probleme, die den Gesellschaften auf der nördlichen wie auf der südlichen Erdhalbkugel heute große Sorgen bereiten, mit einem Mindestmaß an Objektivität und Realismus untersuchen – die Arbeitslosigkeit, die Inflation, den Außenhandel, die Auslandsverschuldung, die Bevölkerungsentwicklung, die Rüstung, die Umwelt, die Energie, die Verstädterung etc. –, dann können wir das Scheitern der derzeitigen Bemühungen um eine Lösung dieser Probleme und die Verantwortungslosigkeit jener klar erkennen, die diese Tatsache nicht wahrhaben wollen.

Wenn diese Modelle den Ernährungsbedarf der heutigen Weltbevölkerung nicht haben sichern können, wie sollen sie dann den Bedarf der künftigen Bevölkerung decken?

Die Zahl der Einwohner unseres Planeten nimmt zu. Die Menschen werden länger leben, mehr Nahrung verzehren, mehr Energie vergeuden, mehr natürliche Reichtümer zerstören und die Luftverschmutzung weiter zunehmen lassen.

Trotz des Ausmaßes und der Komplexität dieser Probleme veranlassen uns das Bewußtsein und die Überzeugung, daß der Mensch sie, wie er in der Vergangenheit schon gezeigt hat, lösen kann, zu einer weiterhin optimistischen Einstellung.

Man braucht sich nur an den Anblick der Millionen von Menschen zu erinnern, die vor gerade eben zwei Jahrzehnten in verschiedenen Gebieten Asiens vom Tod durch Hunger oder Naturkatastrophen bedroht waren. Dort zeigte der Mensch seine unerschöpfliche Fähigkeit, Widrigkeiten zu überwinden. Entschlossenheit in Verbindung mit der Unterstützung durch Wissenschaft und Technik und den Bemühungen und Opfern ganzer Völker ermöglichte es Ländern wie China, Indonesien und Indien, bei Getreide Selbstversorger zu werden und bei einigen Nahrungsmitteln sogar Überschüsse zu erzielen.

Dies war nur möglich, weil die Regierungen und die Völkergemeinschaft ihre Prioritäten neu festlegten und mit dem erforderlichen politischen Willen und der gebotenen Entschlossenheit vorgingen.

2. Das Ausmaß von Armut und Hunger

Aus von der FAO vor kurzem veröffentlichten Schätzungen geht hervor, daß rund 500 Millionen der derzeitigen Weltbevölkerung von etwas mehr als vier Milliarden Menschen stark unterernährt sind. Bei der derzeitigen Geschwindigkeit des Bevölkerungswachstums wird geschätzt, daß diese Zahl im Jahr 2000 über 600 Millionen liegen wird. Angesichts eines derart entmutigenden Ausblicks stellt die Lage in Afrika, dem einzigen Teil der Welt, in dem die Zunahme der Nahrungsmittelerzeugung mit dem Bevölkerungswachstum nicht Schritt hält, einen Anlaß zu großer Besorgnis dar.

In 26 Ländern dieses Kontinents war der grundlegende Nahrungsmittelverbrauch pro Kopf der Bevölkerung 1984 geringer als 1970. In vielen Gebieten leidet die Bevölkerung an chronischer Unterernährung. In der Sahelzone leiden 20 bis 30 Prozent aller Kinder im Vorschulalter an Eiweißmangel. Darüber hinaus leiden 40 Prozent dieser Kinder und 60 Prozent aller schwangeren Frauen an ernährungsbedingter Anämie.

Neben den strukturellen Hindernissen für die wirtschaftliche und soziale Entwicklung Afrikas spielen andere, unmittelbarere Faktoren eine entscheidende Rolle: die Dürre, innere Unruhen, Pflanzenschädlinge und Krankheiten. Ende 1984 litten 21 afrikanische Länder unter einem ungewöhnlichen Nahrungsmittelmangel, von dem circa 210 Millionen Menschen betroffen waren, was annähernd der Bevölkerung der Vereinigten Staaten oder der Europäischen Gemeinschaft entspricht.

In Lateinamerika und der Karibik sind mehr als 500 Millionen Menschen von Eiweißmangel bedroht. Ein weiterer Bevölkerungsteil von rund 50 Millionen liegt oberhalb des Bereichs der absoluten Armut, jedoch unterhalb der Armutsgrenze, das heißt des Niveaus, unterhalb dessen die Bevölkerung nicht ihre grundlegenden Bedürfnisse befriedigen kann und bei welchen der Nahrungsmittelanteil 50 Prozent ausmacht.

Nach den derzeitigen Entwicklungstendenzen wird geschätzt, daß die Zahl der Armen bis zum Jahr 2000 auf 170 Millionen, rund 102 Millionen in den städtischen Ballungszentren und 68 Millionen auf dem Lande, anwachsen wird. Die Verbreitung der Armut auf dem Lande zeigt ein Bericht der FAO aus dem Jahre 1980, wonach von den fast zwei Milliarden Menschen (die in den 68 Entwicklungsländern lebten, für die Zahlen über die Verbreitung der Armut auf dem Lande verfügbar waren) 1,34 Milliarden im ländlichen Raum lebten, und fast die Hälfte von ihnen lag unterhalb der geschätzten Armutsgrenze. Fast zwei Drittel der Armen der Welt leben im Fernen Osten.

Aus Schätzungen der derzeitigen Armutssituation und Hochrechnungen bis zum Jahr 2000 wird deutlich, daß das herkömmliche Wirtschaftswachstum allein das Problem nicht lösen wird, solange sich nicht das Verteilungsschema ändert.

3. Die Ernährungssituation

Wenn wir bei der Ernährungssituation die derzeitigen Nahrungsmittelvorräte mit denen früherer Jahrzehnte vergleichen, so steht außer Zweifel, daß sich die Gesamtsituation ungeachtet der noch bestehenden Widersprüche beträchtlich verbessert hat.

In ihrem jüngsten Welternährungsbericht wies die FAO darauf hin, daß die Weltgetreideernte 1984 gegenüber 1983 um

8,5 Prozent gestiegen war, wobei der deutlichste Anstieg (16,1 Prozent) in den entwickelten Ländern zu verzeichnen war. In den Entwicklungsländern stieg die Erzeugung nur um 2,3 Prozent an, was kaum ausreichte, um mit dem Bevölkerungswachstum Schritt zu halten.

1984 nahm die Welterzeugung an Nahrungsmitteln und landwirtschaftlichen Erzeugnissen um mehr als 4 Prozent und die Erzeugung von Grundnahrungsmitteln um 3 Prozent zu. Diese ansteigende Entwicklung war hauptsächlich in den Vereinigten Staaten, Westeuropa und in einigen der größeren Entwicklungsländer zu verzeichnen.

Die Erzeugung von Nahrungsmitteln und landwirtschaftlichen Produkten in den Ländern mit niedrigem Volkseinkommen und Nahrungsmitteldefizit stieg um 2,9 Prozent und die Erzeugung von Grundnahrungsmitteln, vor allem aufgrund der in China und Indien erzielten Ergebnisse, um 2 Prozent.

In 42 Ländern lag die Getreideproduktion pro Kopf der Bevölkerung 1984 unter dem Durchschnitt von 1969 bis 1971.

Gegen Ende 1984 hatten noch 21 afrikanische Länder unter schwerwiegendem Nahrungsmittelmangel zu leiden. In vielen von ihnen haben sich der Boden und die Weideflächen verschlechtert und ist die Wüste weiter vorgedrungen.

Wenn man versucht, die Hauptmerkmale der derzeitigen Ernährungssituation zusammenzufassen, so läßt sich sagen, daß die derzeitigen bedrohlichen Zukunftsprobleme der Weltlandwirtschaft in drei Kategorien eingeteilt werden können. In den ärmeren Ländern besteht ein dringender Bedarf an der Verbesserung und Weiterentwicklung der Landwirtschaft, wobei wirtschaftlichen und sozialpolitischen Fragen besondere Aufmerksamkeit geschenkt werden sollte. Andererseits sind viele dieser

Probleme in einigen Entwicklungsländern, vor allem in Asien, überwunden worden, und die Produktion hat dort während des letzten Jahrzehnts beträchtlich zugenommen. Dennoch ist nicht sicher, ob diese Zuwachsraten in der Zukunft beibehalten werden können. In den entwickelten Ländern hängen die Probleme mit Produktionsüberschüssen und den Subventionskosten für die Landwirtschaft zusammen. Um diese Lage besser zu verstehen, erscheint es nützlich, die generelle Tendenz im Bereich der Nahrungsmittelproduktion zu betrachten.

Global gesprochen hat der Anstieg der Nahrungsmittelerzeugung in den sechziger und siebziger Jahren mit dem Bevölkerungswachstum Schritt gehalten, und dies dürfte in den kommenden Jahrzehnten noch besser werden, obwohl die mangelnde Stabilität des Pro-Kopf-Ertrags an Getreide Anlaß zur Besorgnis gibt. Dieses Gesamtbild spiegelt allerdings die Verhältnisse in den ärmsten Ländern nicht zutreffend wider, wo das Hauptproblem in der Verteilung und dem Mangel an Kaufkraft bei den einkommensschwachen und in ihrer Ernährung gefährdeten Bevölkerungsgruppen liegt. Ebenso ist zu sagen, daß die Nahrungsmittelerzeugung in zahlreichen Entwicklungsländern nicht mit dem Bevölkerungswachstum Schritt halten kann, was die Probleme der Unterernährung verschärft.

Während der beiden letzten Jahrzehnte waren vor allem die Entwicklungen in zahlreichen afrikanischen Ländern sehr unbefriedigend, wie aus den nachstehenden Zahlen deutlich wird. In den sechziger Jahren wuchs die landwirtschaftliche Erzeugung in den Entwicklungsländern dieses Kontinents im Durchschnitt um 2,6 Prozent.

Während der siebziger Jahre ging die Wachstumsrate der landwirtschaftlichen Produktion auf 1,7 Prozent zurück, während das Bevölkerungswachstum auf 2,9 Prozent anstieg. Bei der Nachfrage nach Nahrungsmitteln geht aus den verfügbaren

Vorausschätzungen hervor, daß während der achtziger und neunziger Jahre infolge des Bevölkerungswachstums eine Verdoppelung erfolgen wird.

Angesichts dieser Situation und der Notwendigkeit, diesem wachsenden Bedarf gerecht zu werden, mußte die Wachstumsrate der landwirtschaftlichen Erzeugung von 3 Prozent auf wenigstens 3,7 Prozent gesteigert werden. Wir wissen allerdings schon jetzt, daß dies nur möglich sein wird, wenn Schritte eingeleitet werden, um die derzeitigen Formen der Mittelverteilung, der Ausgabenpolitik, des Handels oder der Auslandsverschuldung etc. grundlegend zu ändern, damit die Durchführung einer Ernährungssicherheitsstrategie möglich wird. Andernfalls werden Importe und Nahrungsmittelhilfe weiterhin unverzichtbar sein, wenn der Hunger bis gar zum Hungertod vermieden werden soll.

Global betrachtet läßt sich schätzen, daß der Importbedarf der Entwicklungsländer bei Getreide von 100 Millionen Tonnen im Jahre 1982 bis zum Jahr 2000 auf 226 Millionen Tonnen steigen wird, und wenn die heimische Erzeugung nicht erhöht wird oder die Getreideeinfuhren ausgeweitet werden, wird die Unterernährung noch weiter um sich greifen. Für beide Maßnahmen sind Fonds – heimische oder ausländische – erforderlich, und hier stellt sich natürlich die Frage: Wo sollen die Mittel dafür herkommen?

Diese Tatsachen vermitteln uns ein Bild von der Ernährungssituation und ihren Zusammenhängen mit Armut und Hunger. In gewisser Weise werden hieraus die Schwierigkeiten deutlich, die mit der Beseitigung dieser Probleme verbunden sind. Wie wir noch sehen werden, stellen die Unzulänglichkeit und das Scheitern der bisher angewandten Entwicklungsmodelle oder -strategien die größten Hindernisse für ein Vorgehen gegen das Problem des Hungers heute und in der nahen Zukunft dar.

4. Scheitern von Entwicklungsstrategien und -modellen

Die Durchführung der Internationalen Entwicklungsstrategie im Rahmen der Entwicklungsjahrzehnte der Vereinten Nationen und das Aktionsprogramm für die Neue Weltwirtschaftsordnung sollten unter anderem dazu beitragen, die Kluft im Lebensstandard zwischen den entwickelten Ländern und den Entwicklungsländern zu schließen, und für die gleichberechtigte Teilnahme der Entwicklungsländer am weltwirtschaftlichen Geschehen sorgen. Leider ist dies nicht gelungen, wie aus den während der letzten Jahrzehnte erzielten Ergebnissen deutlich wird.

Wenn wir die Ergebnisse in bezug auf die Verteilung des Welt-BSP während der ersten beiden Entwicklungsjahrzehnte der Vereinten Nationen, die BSP-Wachstumsraten in den Entwicklungsländern und die Kluft im Pro-Kopf-BSP zwischen den entwickelten Ländern und den Entwicklungsländern betrachten, so stellen wir fest, daß sich diese Kluft vertieft hat. Absolut gesehen war die Kluft im Pro-Kopf-BSP zwischen den entwickelten Ländern und den Entwicklungsländern 1980 größer als 1960. Dementsprechend konnte während der letzten Jahrzehnte kein größeres Maß an Gleichheit erreicht werden.

Ein weiterer Umstand liegt darin, daß die BIP-Wachstumsrate während der ausgehenden siebziger und der beginnenden achtziger Jahre unter der durchschnittlichen BIP-Wachstumsrate während der gesamten siebziger Jahre lag, was in Anbetracht der negativen Folgewirkungen für die Entwicklung der Länder der Dritten Welt Anlaß zu großer Sorge gibt. Nach Schätzungen der FAO läge der Wert der Exporte in die nicht Öl produzierenden Entwicklungsländer 1986 um 3 Prozent höher, wenn die entwickelten Länder 1984 bis 1986 ein Wachstum von 1 Prozent erreichten.

Diese globalen Wachstumsziffern verbergen noch schwerwiegendere Unterschiede zwischen den verschiedenen Gruppen von Entwicklungsländern und in den Ländern selbst.

Die Wachstumsraten des BIP in den Entwicklungsländern, die der Gruppe der einkommensschwachen ölimportierenden Volkswirtschaften angehören, lagen kaum über dem Bevölkerungswachstum, was zur Folge hatte, daß es nahezu kein Pro-Kopf-Wachstum des BIP gab.

Die meisten Entwicklungsländer sehen sich im Augenblick sowohl einer niedrigen Sparquote im Inneren als auch einem Außenhandelsdefizit gegenüber und brauchen eine Politik zur Anregung der Spartätigkeit, zur Verringerung der Importe und zur Steigerung der Exporte.

Es steht außer Zweifel, daß die inländische Spartätigkeit für die Finanzierung von Investitionen im eigenen Land von wesentlicher Bedeutung ist und daß gesteckte Ziele nur erreicht werden können, wenn für den Kauf von nicht im eigenen Lande hergestellten Ausrüstungsgütern ausreichende Mittel zur Verfügung stehen.

Aus dieser Erkenntnis heraus gingen die Entwicklungsländer in bis dato unbekanntem Ausmaß zur Geldaufnahme im Ausland über. Schätzungen zufolge schuldeten die Entwicklungsländer Ende 1984 ausländischen Banken und Regierungen sowie internationalen Behörden den Gegenwert von circa 812 Milliarden US $, was einen Antieg von mehr als 70 Prozent gegenüber 1980 darstellt und 145 Prozent der gesamten Exporterlöse ausmacht. Der Schuldendienst verschlingt zur Zeit 22 Prozent der Exporterlöse der Entwicklungsländer. Dieser Zahlenwert ist in den am stärksten verschuldeten Ländern weitaus höher. Ein Anstieg der weltweiten Zinssätze um 1 Prozent bedeutet für diese Entwicklungsländer eine Verteuerung des Schuldendienstes um 3,5 bis 4 Milliarden US $. Die FAO hat sich sehr besorgt über diese Situation gezeigt, da die Ernährungssicherheit zahlreicher einkommenschwacher Länder durch die Finanzlage und die Unfähigkeit der Völkergemeinschaft, für eine Handelsliberalisierung und eine Stabilisierung der Märkte zu sorgen, stark gefährdet ist. Der Schuldendienst ist heute eines der größten Hemmnisse, das die ärmeren Länder daran hindert, ihre wirtschaftlichen Gesundungsprogramme weiter voranzutreiben. Es ist darauf hingewiesen worden, daß der Nettobetrag der jährlich nach Afrika geleiteten ausländischen Mittel abnimmt und nicht ausreicht, um den Bedarf für die Sanierung des dortigen Ernährungssektors und der Volkswirtschaft dieser Länder zu decken. So stellen sich die Verhältnisse im Afrika südlich der Sahara dar, wo die Kosten des Schuldendienstes stark angestiegen sind und dieses Jahr 8,9 Milliarden Dollar betragen. 1987 wird mit mehr als 12 Milliarden Dollar gerechnet. Wenn keine Umschuldung erfolgt oder neues Kapital zur Verfügung gestellt wird, werden die jährlichen Nettomittelübertragungen der Region weiter abnehmen und sich 1987 auf 3,4 Milliarden Dollar belaufen, rund die Hälfte des 1984 erreichten Standes.

Nach den jüngsten Schätzungen stellt die Auslandsverschuldung Lateinamerikas zur Zeit 40 Prozent des BIP dieser Region dar, das 3,4fache des Wertes der Exporte. Die Zinszahlungen für Verbindlichkeiten betrugen 1983 35 Prozent der Exporterlöse der Region, während es 1977 erst 12 Prozent gewesen waren.

1983 beliefen sich die Zinszahlungen ohne neu aufgenommene Kredite auf 30 Milliarden US $. Dies entspricht rund 5 Prozent des lateinamerikanischen BIP und 15 Prozent der Nettoersparnisse der Region. Diese Mittelübertragungen wurden durch Kürzung der Reallöhne und Senkung des Lebensstandards finanziert.

Die Pro-Kopf-Produktion in Lateinamerika ging deshalb zwischen 1980 und 1983 um 10 Prozent zurück, und die Inflation nahm während dieses Zeitraums um mehr als das Doppelte zu.

Statt zur Förderung der Investitionstätigkeit und der Entwicklung in den weniger entwickelten Ländern beizutragen, kommt die Auslandsverschuldung heute mehr als je zuvor den Kreditinstituten der entwickelten Länder zugute und geht auf Kosten der weniger entwickelten Länder.

Im Hinblick auf den Welthandel bestätigen die verfügbaren Zahlenwerte lediglich die immer tiefer werdende Kluft zwischen den entwickelten Ländern und den Entwicklungsländern. Zwischen 1970 und 1980 ging der Anteil der Entwicklungsländer am Weltexport von 23,5 Prozent auf 20,4 Prozent zurück, während ihr Anteil an den Welteinfuhren von 16,2 Prozent auf fast 21 Prozent anstieg. Die Gesamtausfuhren aus den Entwicklungsländern nahmen während der sechziger Jahre um jeweils 8 Prozent zu, während der siebziger Jahre dagegen nur um 4,4 Prozent. Andererseits stiegen die Gesamteinfuhren der Entwicklungsländer in den sechziger Jahren um jeweils 6,1 Prozent und während der siebziger Jahre um 8,5 Prozent.

Diese Tendenzen spiegeln zum Teil die Tatsache wider, daß zahlreiche Entwicklungsländer, die früher Nahrungsmittel exportieren, sich heute gezwungen sehen, eine stark angewachsene Bevölkerung ernähren zu müssen, während sie obendrein mit Handelseinschränkungen seitens der entwickelten Länder, immer schlechter werdenden Preisen und Märkten und dem allmählichen Verlust der sogenannten komparativen Vorteile von Erzeugnissen aus der Dritten Welt zu kämpfen haben. Darüber hinaus wird der wissenschaftlich-technische Fortschritt allmählich zu einem fast unüberwindlichen Hindernis für diese Länder.

Bei den Agrarpreisen war der Preisindex für die wichtigsten Exportgüter der Entwicklungsländer Ende 1984 um 14 Prozent gegenüber dem Stand 1979 bis 1981 zurückgegangen. Es ist äußerst unwahrscheinlich, daß die Preise für landwirtschaftliche Erzeugnisse 1985 höher sein werden, als sie während des vorangegangenen Fünfjahreszeitraums verzeichnet wurden. Demgegenüber wird bei den Preisen für Fertigwaren 1984/85 mit einem Anstieg gerechnet.

Nehmen wir eine Ware als Beispiel: Zucker. Der Tagespreis nach dem Weltzuckerabkommen fiel von 29 US-Cents je Pfund 1980 auf 17 Cents 1981, um schließlich 1982 und 1983 wenig mehr als 8 Cents und Ende 1984 keine 4 Cents zu erreichen. Der Zuckerhandel ging 1984 ebenso zurück wie 1983, und zur Zeit bieten sich vor allem in Anbetracht der Marktexpansion bei anderen Süßmitteln nur wenig Aussichten auf eine Markterholung.

Wie können wir von den Entwicklungsländern erwarten, daß sie ihre Auslandsverschuldung abtragen können, wenn die Erlöse, die sie aus dem Verkauf ihrer landwirtschaftlichen Erzeugnisse zu erzielen hoffen, im Gefolge der Weltmarktpreise weiterhin sinken?

Aus der obigen Darstellung wird deutlich, daß der Prozeß, der in den entwickelten Ländern und den Entwicklungsländern stattgefunden hat, nicht in Richtung zu mehr Gleichheit oder Verbesserungen der allgemeinen Lebensbedingungen gegangen ist, was aus vielen sozialen Indikatoren hervorgeht.

Im Gesundheits- und Erziehungswesen weisen die Entwicklungsländer ungeachtet nennenswerter Fortschritte weiterhin eine Negativbilanz auf. Die Beseitigung des Analphabetentums stellt weiterhin ein Problem dar, das die Sozialpolitik dieser Länder schwer belastet. Zwischen 1970 und 1980 stieg die Zahl der Analphabeten über 15 Jahre von 760 auf 825 Millionen Menschen. Setzen sich die derzeitigen Tendenzen im Bevölkerungswachstum und im Bildungswesen fort, wird damit gerechnet, daß diese Zahl bis zum Jahr 2000 auf 900 Millionen oder noch mehr ansteigen wird.

Zur Verfügbarkeit von Trinkwasser und sanitären Einrichtungen, die wichtige Aspekte der primären Gesundheitsversorgung darstellen, ist zu sagen, daß mehr als die Hälfte der Weltbevölkerung diese Annehmlichkeiten 1980 nicht zur Verfügung hatte. Dies wirkt sich, wie Sie sicherlich wissen, unmittelbar auf die Mortalität und die Morbidität aus.

Werden die Bevölkerungsschätzungen berücksichtigt, ergibt sich ein gewaltiger Investitionsbedarf, und es ist nicht zu erkennen, wo oder wie die erforderlichen Mittel zu beschaffen wären. Andererseits ist zu bedenken, daß eine Verbesserung in diesen Bereichen logischerweise Folgen für die Altersstruktur und sogar die Größe der Bevölkerung dieser Länder haben würde. Die Wirkungen sähen anders aus als in den entwickelten Ländern. In den Entwicklungsländern führen Fortschritte im Gesundheitssektor wahrscheinlich zu einem Rückgang der Kindersterblichkeit, während Verbesserungen der Gesundheitssysteme in den entwickelten Ländern wahrscheinlich die Lebensqualität verbessern und die Lebenserwartung der Bevölkerung erhöhen würden. All dies würde sich unmittelbar auf die Nachfrage nach Nahrungsmitteln auswirken.

Ihnen ist sicherlich klar, daß das Bevölkerungswachstum in den Entwicklungsländern in verschiedenen Fragen des wirtschaftlichen und sozialen Lebens Veränderungen einer noch nie dagewesenen Größenordnung nach sich zieht. Allein auf dem Beschäftigungssektor wird die Zahl der zwischen 1980 und dem Jahr 2000 Arbeit suchenden Menschen auf 700 Millionen ansteigen. Das in den letzten Jahrzehnten in den Entwicklungsländern verzeichnete niedrige Wirtschaftswachstum wird es zusammen mit der Verwendung arbeitsparender Technologien diesen Ländern sehr schwer machen, das Beschäftigungsproblem zu lösen. Es ist deshalb von entscheidender Bedeutung, daß das Bevölkerungsproblem im Hinblick auf seine Folgewirkungen für die Entwicklung angegangen wird. Natürlich handelt es sich hierbei um eine sehr heikle Frage, an der wir aber nicht vorbeigehen dürfen. Einige wenige Zahlen machen ihre Bedeutung deutlich.

Die gesamte Weltbevölkerung wurde 1983 bei einer Wachstumsrate von 1,7 Prozent auf 4,685 Milliarden Menschen geschätzt. Die Größenordnung des Bevölkerungsproblems wird noch viel deutlicher, wenn die Zahlen der letzten 30 Jahre und die Hochrechnungen für die absehbare Zukunft berücksichtigt werden. 1950 betrug die Weltbevölkerung rund 2, 5 Milliarden Menschen, und für die Jahre 2000 beziehungsweise 2025 wurde mit 6,1 Milliarden und 8,2 Milliarden Menschen gerechnet.

Obwohl die Wachstumsrate insgesamt zurückgegangen ist (die mittlere jährliche Wachstumsrate hatte mehr als 2 Prozent betragen), steigen die jährlichen Wachstumsraten weiter an. 1950 nahm die Weltbevölkerung jährlich um 48 Millionen Menschen zu. 1980 liegt die jährliche Zunahme bei 77 Millionen, was der derzeitigen Bevölkerung Mexikos entspricht, und es wird geschätzt, daß die jährliche Zunahme bis zum Ende dieses Jahrhunderts auf rund 89 Millionen Menschen angestiegen sein wird. Diese Tendenzen unterscheiden sich allerdings in den Entwicklungsländern sehr von denen in den entwickelten Ländern, und in den Entwicklungsländern kann es auch von Region zu Region Unterschiede geben.

Die Bevölkerung der am höchsten entwickelten Länder wird im Jahre 2025 1,4 Milliarden Menschen betragen, was rund 17 Prozent der Gesamtweltbevölkerung entsprechen wird. 1950 machte die Bevölkerung dieser Länder 33 Prozent der Gesamtbevölkerung aus, das ist das Doppelte des Schätzwerts für die nächsten 40 Jahre.

Die Aussichten sind von Entwicklungsland zu Entwicklungsland verschieden. Der Anteil dieser Länder an der Weltbevölkerung nahm von 67 Prozent im Jahre 1950 auf 74 Prozent 1980 zu. Dieser Anteil dürfte bis zum Jahre 2000 auf 79 Prozent und bis 2025 auf 83 Prozent angestiegen sein.

Afrika ist eine jener Regionen, in denen die Bevölkerung am schnellsten anwachsen dürfte. Rechnet man die Prozentangaben in Einwohnerzahlen um, so betrug die Gesamtbevölkerung Afrikas 1950 rund 223 Millionen, was 9 Prozent der Weltbevölkerung entsprach. Bis zum Jahre 2025 wird die Bevölkerung Afrikas auf 1,643 Milliarden Menschen angestiegen sein; das sind 20 Prozent der Weltbevölkerung.

Es bestehen interessante Unterschiede zwischen den entwickelten Ländern und den Entwicklungsländern im Hinblick auf das Alter ihrer Bevölkerung. Die west- und nordeuropäischen Länder weisen den niedrigsten Anteil von Einwohnern unter 15 und den höchsten Anteil von Einwohnern über 65 Jahren auf. Die Lage in den Entwicklungsländern ist praktisch genau anders herum.

Zwischen 1970 und dem Jahr 2010 wird die Zahl der Menschen in der Altersgruppe von 15 bis 24 Jahren in den Entwicklungsländern um circa 520 Millionen, in den entwickelten Ländern jedoch nur um 3 Millionen zunehmen.

Einer der bezeichnendsten Aspekte der demographischen Veränderungen ist die zunehmende Verstädterung. 1950 lag der Anteil der Stadtbewohner an der Weltbevölkerung bei 29,4 Prozent. 1980 war dieser Anteil auf 39,9 Prozent angestiegen, und es wird damit gerechnet, daß rund die Hälfte der Weltbevölkerung – 3 Milliarden Menschen – im Jahre 2000 in städtischen Ballungsräumen leben werden. 2025 werden nahezu zwei Drittel der Weltbevölkerung, das heißt etwa 6 Milliarden Menschen, in Städten leben. Diese Erscheinung hängt unmittelbar mit den in die Stadt gesetzten Hoffnungen und Erwartungen zusammen. In den Entwicklungsmodellen hat immer die Tendenz bestanden, den Begriff des Fortschritts mit der Stadt zu verbinden. Die geringen Möglichkeiten auf dem Lande und die Sogwirkung der Städte haben einen starken Anreiz ergeben und haben dazu beigetragen, den Verstädterungsprozeß zu beschleunigen. Statt daß dadurch Probleme gelöst wurden, mußten die armen Länder erleben, daß sich ihre Lage im Gefolge derartiger Entwicklungen verschlechterte. Einer Berechnung zufolge wird für jeden zusätzlichen Landbewohner in den Entwicklungsländern zwischen 1980 und dem Jahr 2000 die Stadtbevölkerung um 2,5 Einwohner zunehmen. Dies bedeutet, daß die Landbevölkerung ihre landwirtschaftliche Produktivität steigern muß, um den Bedürfnissen einer ständig zunehmenden städtischen Bevölkerung gerecht werden zu können.

Darüber hinaus könnte es erneut vor dem Hintergrund des Ernährungsproblems nützlich sein, den Fortschritt anzusprechen, der im Bereich der Mortalitätsquoten erzielt werden konnte. Die Lebenserwartung bei der Geburt ist beträchtlich gestiegen, und für die Jahre 2000 und 2025 wird in den entwickelten Ländern mit 75,7 und 77 Jahren und in den Entwicklungsländern mit 62,5 und 68,9 Jahren gerechnet.

Wahrscheinlich wird es den entwickelten Ländern mit ihren derzeitigen Programmen gelingen, das Problem der Beschäftigung und die damit zusammenhängenden Ernährungsprobleme zu lösen. Es wird allerdings äußerst schwierig sein, dieses Ziel in den Entwicklungsländern zu erreichen, wenn nicht die Entwicklungsprioritäten der derzeitigen Strategien geändert werden. Es läßt sich mit Sicherheit vorhersagen, daß diese Bevölkerungsteile sich allmählich in die entwickelteren Teile des Planeten verlagern werden. Schon heute nehmen die entwickelteren Länder und die verhältnismäßig gut gestellten Entwicklungsländer immer größere Zahlen von Einwanderern auf, und die ärmsten Länder haben die höchsten Auswanderungsquoten.

Darüber hinaus, und dies wird in den Warnungen einer Reihe nationaler und internationaler Organisationen deutlich, stellen die Entwicklungsmodelle und -strategien, die durch die hochindustrialisierten Länder angewandt werden, heute eine ernste Bedrohung für das ökologische Gleichgewicht großer Teile unseres Planeten dar.

So hat das Vordringen der Wüste während der letzten Jahrzehnte infolge des Abholzens der Wälder, der Überbeweidung, der Verwendung von Techniken, die sich für den Ackerbau nicht eignen, sowie durch andere Prozesse zugenommen. Es wird geschätzt, daß allein am Südrand der Sahara 5 bis 7 ha Ackerland pro Jahr vor allem aufgrund des Vordringens der Wüste verlorengehen.

Die Wälder zahlreicher tropischer Länder werden in alarmierendem Tempo zerstört, wobei die ökologischen Folgen kaum oder gar nicht beachtet werden. Vorhersagen zufolge dürfte gegen Ende dieses Jahrhunderts der gesamte Nutzholzbestand der Tropen erschöpft sein. Aufgrund dieser Entwicklung werden Tausende von Tonnen des aus landwirtschaftlicher Sicht unschätzbaren Mutterbodens abgetragen oder von Flüssen weggeschwemmt.

5. Schlußfolgerungen

Aus den obigen Darlegungen wird deutlich, daß frühere Entwicklungsmodelle und -strategien die Grunderfordernisse großer Teile der Weltbevölkerung nicht erfüllt haben. Darüber hinaus ist auf keinen Fall damit zu rechnen, daß die heutigen Probleme ausgerechnet durch Verwendung der Modelle und Konzepte gelöst werden können, die sich bereits als Fehlschlag erwiesen haben.

Jenseits aller dogmatischen oder ideologischen Deutungen steht die unbestreitbare Tatsache, daß die heutige Welt zweigeteilt ist: auf der einen Seite eine kleine Zahl reicher Länder mit einer in der Geschichte noch nie dagewesenen wirtschaftlichen, politischen und militärischen Macht und auf der anderen Seite eine Vielzahl von Entwicklungsländern, die schwerwiegende wirtschaftliche, soziale, politische und ökologische Probleme erleben und nicht die Mittel oder die Möglichkeit haben, sich ihre Entwicklungsstrategien selbst auszusuchen.

Die zur Zeit vorherrschende internationale Ordnung beruht somit auf einer ungleichen Verteilung des Gesamtnutzens der erreichten Entwicklung. Der Fortschritt und das Wohlergehen der entwickelten Länder findet sein Gegengewicht und hat sogar seinen Ursprung in der Armut und Unterentwicklung der Länder der Dritten Welt. Dies mag für den derzeitigen Abschnitt der geschichtlichen Entwicklung kennzeichnend sein, doch gibt es unglücklicherweise Präzedenzfälle für den ständigen Mißbrauch und die Ausbeutung schwacher Länder durch stärkere. Wir brauchen nur an die Praktiken der Kolonialmächte und den Reichtum zu denken, den sie infolge ihres Umgangs mit den Kolonien ansammelten. Die Entwicklung der Kolonialmächte wurde in hohem Maße durch die Ausbeutung ihrer Kolonien gefördert, entweder durch Nutzung von Rohstoffen oder der dortigen Märkte, so daß sich ihr Niedergang als starke Wirtschaftsmächte weitgehend mit dem Verlust ihrer Kolonien erklären läßt. Heute ist eine mißbräuchliche und ungerechte Behandlung durch die Form der Beziehungen zwischen den armen und den entwickelten Ländern gekennzeichnet und kommt in dem für Rohstoffe gezahlten Preis, den Zinssätzen auf die von den Entwicklungsländern zu tilgenden Auslandsschulden, der Festlegung der Entwicklungsländer auf Konsum-, Produktions- und Marketingmodelle, die für hochentwickelte Länder entworfen wurden, den Bedingungen und Modalitäten des Technologietransfers und in vielen anderen Erscheinungsformen zum Ausdruck, die mangelnde Anteilnahme am Schicksal der Ärmsten dieser Welt widerspiegeln. Diese Bemerkungen gelten für die Beziehungen zwischen Staaten, doch noch weitaus schockierender ist es, daß ähnliche Verhältnisse in den Entwicklungsländern selbst auftreten, wo oft festzustellen ist, daß Minderheiten die gesellschaftliche, wirtschaftliche und politische Macht innehaben und die Mehrheit ihres Volkes in Elend und äußerster Armut halten.

Angesichts dieser Situation müssen wir uns fragen, ob der auf verschiedenen wissenschaftlichen Fachgebieten, darunter auch in den Sozial- und Politikwissenschaften erreichte Fortschritt für die Bereitstellung machbarer Lösungen verwendet wird, wenn auch nur, um die Grundbedürfnisse aller derzeitigen und künftigen Bewohner unseres Planeten zu befriedigen, oder ob die Menschheit auf ihrem absurden Weg weitergehen wird, so daß eine kleine Gruppe auch in Zukunft die von den Machthabern gewährten Privilegien auf Kosten einer Mehrheit erhalten wird, der alle Mittel für ihren Lebensunterhalt versagt bleiben, und ihren Vorteil dazu nutzen wird, ihren Willen und ihre Autorität durchzusetzen. Jenseits der wirtschaftlichen oder materiellen Erwägungen stellt sich hier eine Frage von weitaus größerer ethischer und moralischer Bedeutung, die selbst die Grundlagen in Frage stellt, auf denen unsere Zivilisation beruht.

Die wesentlichsten Ziele einer brauchbaren Strategie für die menschliche Entwicklung bestehen in der Verringerung der Zahl der Weltbevölkerung und des Anteils, der an Hunger und Unterernährung leidet, der Erhöhung der Nahrungsmittelproduktion in einkommensschwachen Ländern mit Nahrungsmitteldefizit, dem Schutz und der Erhaltung der natürlichen Hilfsquellen, der Verwirklichung einer größeren Gleichheit in den ländlichen Gebieten, der Festigung der Stellung der Entwicklungsländer auf dem Weltmarkt und der Verwirklichung der Ernährungssicherheit für alle.

Der Beitrag und die Rolle der religiösen und ideologischen Institutionen und in diesem Fall der katholischen Kirche sind von größter Bedeutung. Es sei hier an die Worte Seiner Heiligkeit Johannes Paul II. erinnert, der bei der Eröffnung der Arbeiten der Dritten Generalkonferenz des Lateinamerikanischen Episkopats erklärte, „auch heute (lohne) es sich und (müsse) dafür gesorgt werden, der Stimme der Kirche Gehör zu verschaffen, wo der immer größere Reichtum einiger weniger das wachsende Elend der Massen bedeutet" (L' Osservatore Romano, 4. Februar 1979).

6. Der Beitrag der kirchlichen Soziallehre

Wie schon hervorgehoben wurde, sind die Probleme, denen sich die Welt heute gegenübersieht, weitaus komplexer als je zuvor in der Menschheitsgeschichte und bedrohen selbst die Grundlagen des Lebens auf der Erde.

Wenn wir darin übereinstimmen, daß das Recht auf Ernährung von dem Recht auf Leben untrennbar ist, ein Teil desselben ist und als solches eines der Grundrechte jedes menschlichen Wesens darstellt, dann müssen wir einräumen, daß Hunger und Unterernährung aufgrund der Armut, in der Millionen von Menschen in der Dritten Welt leben, objektiv eine ständige und unentschuldbare Verletzung eines der wesentlichen Rechte des Menschen bedeutet. In der sogenannten zivilisierten Welt gibt es keinen Grund für Hunger, noch weniger vor dem Hintergrund eines kulturellen und wirtschaftlichen Erbes, das seit so langer Zeit als christlich bezeichnet wird.

Die Millionen Hunger leidender Menschen wollen die Erniedrigung ihrer Armut und das Schauspiel des Luxus einiger weniger nicht länger passiv ertragen. Die schweigende Mehrheit der Vergangenheit will nicht länger schweigen. Sie spürt, daß das Geborenwerden auch das Recht auf ein menschenwürdiges Dasein bedeutet, nicht das Recht auf einen sich lang hinziehenden Tod in Verlassenheit, Analphabetentum und Hunger. Die Armen werden immer mehr und sterben nicht mehr so schnell wie zuvor. Sie halten durch und werden sich ihrer Lage, ihrer Zukunft, ihrer Schmerzen und langsam auch ihrer Macht bewußt.

In anderen geschichtlichen Zeitabschnitten und angesichts ähnlich ungerechter und die Menschenwürde verletzender Verhältnisse verschaffte die Kirche ihrer Stimme Gehör. Angesichts der Übergriffe der „Conquistadores" und „Encomenderos" während der Kolonisierung Lateinamerikas mangelte es nicht an Missionaren, die die Unterdrückung und die Ungerechtigkeiten verurteilten und anprangerten, die an der unschuldigen eingeborenen Bevölkerung begangen wurden. Seit dem Ende des 19. Jahrhunderts haben Päpste, Bischöfe und katholische Denker beständig auf die sozialen, politischen und moralischen Probleme aufmerksam gemacht, die die Menschheit infolge der industriellen Revolution bedrängen. Die Soziallehre der Kirche besteht heute aus einem geschlossenen Normenkodex, der auf die verschiedenen Bereiche der einzelstaatlichen wie internationalen gesellschaftlichen und wirtschaftlichen Ordnungsgefüge anzuwenden ist. Der Einfluß und das Gewicht dieser Grundsätze haben sich so ausgewirkt, daß viele von ihnen in den letzten Jahren immer mehr als gemeinsames Erbe der Menschheit betrachtet worden sind: das Recht auf Leben, die Achtung vor dem Menschen, Gleichheit, Solidarität, Zugang zu einer ausreichenden Menge der für ein menschenwürdiges Dasein erforderlichen Mittel, vor allem im Hinblick auf Ernährung, Unterkunft, Gesundheit, Bildung und Kultur, das Recht der Armen und der armen Länder, ihr Elend zu überwinden, die mit dem Besitz und der sinnvollen Verwendung des Reichtums verbundenen Rechte und Pflichten, das Recht auf Gerechtigkeit und Gleichheit, der Begriff des Gemeinwohls, Meinungsfreiheit, das Informationsrecht, die Vereinigungsfreiheit und das Recht zur Teilnahme am öffentlichen Leben etc.

Drei Viertel der Menschheit sind sich dieser Begriffe nicht bewußt. Das verbleibende Viertel, das den größten Wohlstand aller Zeiten genießt und in seiner Identität mit den Werten und Grundsätzen des Christentums einen Teil seines kulturellen Erbes erkennt, kämpft um die Erhaltung seiner Privilegien, seines Wohlstandes, seiner Lebensweise und verwechselt den Fortschritt und die Entwicklung der Menschheit mit materiellen Vorteilen.

Papst Leo XIII. erklärte, wenn Gesellschaften zerfielen, so verlange es die Gerechtigkeit, daß sie, wenn sie ihr früheres Selbst wieder herstellen wollten, wieder zu den Grundsätzen zurückkehren müßten, denen sie ihre Existenz verdankten.

Wollen wir die Grundsätze der Gerechtigkeit und der Gleichheit anerkennen, so ist es Zeit, den Fortschrittsbegriff zu überprüfen, den wir bisher angewandt haben. Und wie es auf der Dritten Generalkonferenz des Lateinamerikanischen Episkopats in bezug auf Lateinamerika hieß: „Es ist höchste Zeit, daß die entwickelten Länder damit aufhören, uns zu lähmen, unserem Fortschritt Hindernisse in den Weg zu legen, uns auszubeuten. Es ist Zeit für sie, großzügig zu sein und uns dabei zu helfen, die Hindernisse unserer Unterentwicklung durch Achtung unserer Kultur, unserer Grundsätze, unserer Souveränität, unserer Identität und unserer natürlichen Hilfsquellen zu überwinden."

Es ist Zeit zu erkennen, daß das Recht eines jeden Menschen auf die Erfüllung seiner Grundbedürfnisse und besonders das Recht auf Ernährung das Hauptziel, der Eckpfeiler jeder Entwicklungspolitik oder -strategie sein sollte.

Es ist auch Zeit zu erkennen, daß, wenn der Markt zur Lösung von Problemen und zur Deckung von Grundbedürfnissen verwendet wurde, dies stets zum Nutzen der Stärksten, Gerissensten oder Glücklichsten geschah.

Technische Lösungen – Biotechnologie, Mikroelektronik, Informatik etc. – sind vorhanden: die Verfahren oder Mechanismen wurden ermittelt, die Probleme sind bekannt, Prioritäten sind gesetzt worden, und die jüngste Geschichte Asiens zeigt, daß der Hunger bezwungen werden kann. Wir wissen alle, daß, wenn wir nur den Willen haben, den Hunger zu besiegen, die Mittel dafür auch verfügbar sind. Wie der Generaldirektor der FAO erklärt hat, würde schon ein kleiner Prozentsatz der Militärausgaben der Mitgliedstaaten der Vereinten Nationen (rund 700 Milliarden Dollar, die gut das Dreißigfache der offiziellen Entwicklungshilfe betragen, die zur Lösung der sozialen und wirtschaftlichen Probleme der Dritten Welt vorgesehen ist) ausreichen und für den Kauf landwirtschaftlicher Geräte anstelle von Waffen verwendet werden können, um so die Ernährungssicherheit und das unveräußerliche Recht eines jeden Menschen auf ausreichend Nahrung und damit die Möglichkeit, ein normales Leben leben zu können, zu gewährleisten.

Der Generaldirektor der FAO appellierte vor kurzem an die Weltöffentlichkeit, einen weltweiten Pakt über Ernährungssicherheit einzugehen, der die Verpflichtung bedeuten würde, das Endziel weltweiter Ernährungssicherheit zu erreichen: die Zusicherung, daß jeder Menssch physisch wie wirtschaftlich jederzeit Zugang zu den Grundnahrungsmitteln erhält, die er braucht, und daß der Nutzen der Entwicklung tatsächlich auch jeden Menschen erreicht, darunter auch die zahllosen Entrechteten, die Millionen Landloser, Landwirte, Kleinbauern. Dazu ist es unbedingt erforderlich, daß auf einzelstaatlicher, regionaler und internationaler Ebene die erforderlichen Schritte ergriffen werden, wie dies im Juli 1979 von den Teilnehmerländern der Weltkonferenz über Agrarreform und ländliche Entwicklung vereinbart und dargestellt wurde.

Die auf dieser Konferenz gebilligte Grundatzerklärung erweiterte die Definition der Agrarreform und Landentwicklung und betonte ihre sozialen und wirtschaftlichen Komponenten. Sie führt aus, die Beseitigung der Armut stelle den Schlüssel zur Umwandlung des ländlichen Lebens dar und weiche so gesehen von den früheren Entwicklungsstrategien ab, die eine Förderung des Wirtschaftswachstums anstrebten, aber nicht nach den Nutznießern fragten. Sie fordert außerdem die Regierungen auf, Schritte zur Umverteilung der wirtschaftlichen und politischen Macht zu ergreifen, und verlangt eine Beteiligung des Volkes in jeder Phase des Entwicklungsprozesses. Dies sei der einzige Weg, auf dem gewährleistet werden könne, daß die Entwicklung tatsächlich denen zugute kommt, die auf sie angewiesen sind. Einer gerechten Verteilung der Produktionsmittel sollte die gleiche Beachtung geschenkt werden wie dem Umweltschutz und der Sicherung eines ökologischen Gleichgewichts sowie der Förderung der Teilnahme der Frauen am Entwicklungsprozeß.

Lösungen stellen sich nicht von selbst ein, und unabhängig von ihrem politischen oder wirtschaftlichen Ursprung verlangen sie Opfer und eine veränderte Lebensweise. Diese Auffassung brachten auch die Bischöfe der entwickelten Länder wie der Entwicklungsländer zum Ausdruck.

Der Frieden und das Überleben der Menschheit und die Zukunft unserer Kinder werden weitgehend davon abhängen, ob diejenigen, die die erforderlichen Opfer zu bringen in der Lage sind, sich dazu auch bereit finden werden. Seine Heiligkeit Johannes Paul II. brachte es in der Predigt anläßlich des Jahrestages der FAO in folgenden Worten zum Ausdruck: „Die Geschichte wird der letzte Richter über die einzelnen und die Nationen sein und beurteilen, wie sie ihre Pflicht erfüllt und zum Wohlergehen ihrer Mitmenschen beigetragen haben, und zwar anhand ihres eigenen Wohlstands und ihrer konkreten weltweiten Mitverantwortung ‚secundum justitiam'."

Marcos Gianetti da Fonseca

Arbeitslosigkeit und Unterbeschäftigung in den Entwicklungsländern am Beispiel Brasiliens

Durch unsere häufige Erörterung des Themas der Arbeitslosigkeit und der Unterbeschäftigung in den armen Ländern räumen wir schon ein, daß derartige Erscheinungen zum Wesen des Wachstumsprozesses dieser Nationen gehören. Das Fortbestehen dieser Frage als Diskussionsthema offenbart das Fortbestehen des Problems. Die Kontinuität des Themas bestätigt die Wirklichkeit. Endlose Kontroversen verdeutlichen, daß die Konflikte zwischen Unterentwicklung und Entwicklung alles andere als gelöst und durch Ungleichheit und eine Polarisierung gekennzeichnet sind.

Andererseits ruft diese bestürzende Wirklichkeit, die den Gesellschaftswissenschaftlern ohne Entschuldigung als ein Antwort erforderndes politisches Problem vorgelegt wird, bei ihnen Erklärungen seines wahren Wesens hervor, die die logischen Vorwegnahmen der Lösungen des Widerspruches darstellen. Bekanntlich sind erklärende Theorien der (historischen, strukturellen, politischen, kulturellen etc.) Ursachen der Arbeitslosigkeit und der Unterbeschäftigung in den Entwicklungsländern außerordentlich zahlreich, und die Literatur über dieses Thema ist gewaltig. Hunderte, ja Tausende von Theoretikern beschäftigten sich mit dem Problem, ergründeten seine Wurzeln und Merkmale, ermittelten seine Ausmaße, entwickelten immer wieder neue Theorien und schlugen politische Maßnahmen zur Beseitigung oder Verringerung seiner Wirkungen vor.

Wir möchten diese große Anstrengung des menschlichen Geistes, diese unerwünschte Wirklichkeit zu erfassen und dadurch zu beherrschen, nicht unterbewerten. Dennoch möchten wir uns nicht auf diesen Weg begeben; wir haben nicht vor, einmal mehr über Erscheinungen der Arbeitslosigkeit und der Unterbeschäftigung in den Entwicklungsländern zu theoretisieren. Wir möchten in einfacher, klarer Form zeigen, daß beide Probleme sich während der letzten Jahre mit der Krise verschlimmert und ein derartiges Ausmaß erreicht haben, daß in den einzelstaatlichen und internationalen Zentren der Politik, besonders in den ersteren, eine neue Haltung und eine koordinierte Wirtschaftspolitik erforderlich sind, um zu verhindern, daß diese Gesellschaften sich auf Wegen weiterentwickeln, die noch gewundener sind als die zur Zeit beschrittenen.

Um dieses Spektrum deutlicher hervortreten zu lassen, möchten wir vorführen, wie sich die Beschäftigungslage in Brasilien im Augenblick entwickelt. Es handelt sich dabei um einen Sonderfall, der für uns den Vorteil mit sich bringt, ihn genauer zu verstehen, der aber dennoch nach unserer Auffassung Merkmale der Zuspitzung dieses Problems offenbart, die vielen Ländern gemeinsam sind. Darüber hinaus können wir aus der brasilianischen Erfahrung viele nützliche Schlußfolgerungen ziehen, die auf zahlreiche andere Entwicklungsländer anwendbar sind.

Die Erscheinungen der allgemeinen Arbeitslosigkeit und Unterbeschäftigung sind in der brasilianischen Gesellschaft kein vorübergehendes Vorkommnis. Die Geschichte hat gezeigt, daß der Entwicklungsprozeß, nach dem die Organisationsmuster des modernen Kapitalismus verbreitet werden, nicht in der Lage ist, die durch die Auflösung der traditionellen Formen der Produktionsorganisation freigesetzten Arbeitskräfte vollständig wieder zu verwenden. Ungeachtet der Wachstumsziffern der Vergangenheit und der schnellen Veränderung der sozialen Strukturen sind ein großer Teil der Arbeiter von diesem Prozeß sowohl in

Tabelle 1:
Brasilien – Ausgewählte Beschäftigungsindizes

	1978	1979	1980	1981	1982	1983	1984
Landwirtschaft							
PNAD	100,0	101,0		98,5	104,7	97,0	98,5
Formeller städtischer							
Sektor – SINE[a]	100,0	101,9		99,3	98,9	94,7	95,9
Landwirtschaft und							
formeller städtischer							
Sektor[b]	100,0	101,6		99,0	100,6	95,4	96,7
Nichtlandwirtschaft-							
licher Sektor – PNAD			100,0		110,6	116,2	
Gewerblicher Sektor							
IBGE	96,9	100,0	103,4	95,9	89,1	82,7	
PNAD	97,4	100,0			106,5	112,2	
Öffentliche Verwaltung							
PNAD			100,0		119,4	131,3	131,3

Quelle: The Employment Outlook for Brazil, Diskussionspapier der Weltbank, 1985

Anm.: a) PNAD: IBGE, landesweite Haushaltsumfrage,
 SINE: Beschäftigungsindizes des Arbeitsministeriums,
 IBGE: IBGE, gewerbliche Indikatoren.
 b) Gewichtetes Mittel der Beschäftigung in der Landwirtschaft und im formellen städtischen Sektor nach PNAD bzw. SINE, wobei die Gewichtung anhand der Beschäftigtenanteile nach der Volkszählung von 1980 erfolgte.

der freien Wirtschaft in den Städten als auch in der Subsistenzlandwirtschaft ausgeschlossen. Mit der Krise, die sich gegen Ende der siebziger Jahre ausbreitete, kam zu der Arbeitslosigkeit und der strukturbedingten Unterbeschäftigung in der brasilianischen Wirtschaft noch die Erscheinung der konjunkturbedingten Arbeitslosigkeit hinzu, die durch die Entlassung von Fabrik- und Landarbeitern aufgrund der verminderten Produktionstätigkeit hervorgerufen worden war.

Ein wichtiges Ergebnis der jüngsten Krise ist die starke Zunahme der Arbeitslosigkeit und der Unterbeschäftigung. Nach Schätzungen von Fachleuten der Weltbank (Tabelle 1)[1] ging die Beschäftigung im formellen städtischen Sektor seit 1980 deutlich zurück und liegt heute unter dem Stand von 1978. Bis 1982 konnten Beschäftigungsanstiege in der Landwirtschaft und in der Viehzucht den Rückgang in anderen Beschäftigungsbereichen der städtischen Wirtschaft teilweise ausgleichen, doch nach diesem Zeitpunkt kam es auch dort zu einem gewissen Rückgang. Der einzige formelle Sektor, der während dieses Zeitraums stark steigende Beschäftigungszahlen aufwies, war der Regierungssektor, was auf keinen Fall als Zeichen für eine Wiedergewinnung der produktiven Leistungsfähigkeit der Wirtschaft gelten darf. Obwohl die verfügbaren Indexziffern für die offene Arbeitslosigkeit seit 1978 gestiegen sind, machen sie den Ernst der Lage nicht deutlich, sondern verhüllen ihn sogar. Wir können die Feststellung treffen, daß die Zahl der Beschäftigten, die in der brasilianischen Wirtschaft keiner modernen Tätigkeit nachgehen, während des Zeitraums von 1978 bis 1984 genauso stark angestiegen ist wie die Gesamtbeschäftigtenzahl während des gleichen Zeitraums.

Tabelle 1 macht die Stagnation des Beschäftigungsstands in Brasilien in der Landwirtschaft wie im formellen städtischen Sektor infolge der sich nach 1980 zuspitzenden Krise unmißverständlich klar. Sie spiegelt auch eindeutig die Tatsache wider, daß die Auswirkungen der Krise im industriellen Bereich besonders schwerwiegend waren, da der Beschäftigungsstand dort während der Rezessionsjahre um rund 20 Prozent zurückging. Die verfügbaren Informationen zeigen außerdem in recht zuverlässiger Form, daß der formelle städtische Sektor und die Landwirtschaft während der letzten 6 Jahre keine nennenswerte Zahl von Arbeitskräften mehr aufnehmen konnten. Betrachten wir andererseits den Umstand, daß die Zunahme des Arbeitskräftepotentials während dieses Zeitraums jährlich wenigstens

Tabelle 2:
Brasilien – Arbeitslosigkeit und Unterbeschäftigung 1978–1984
(in 1 000)

	1978	1984	84/78
1. Potentielle Erwerbsbevölkerung (Wachstumsrate 2,8%)	40 068	47 288	7 220
2. Erfaßte Erwerbsbevölkerung (Wachstumsrate 2,1%)	40 068	45 389	
3. Von der Erwerbstätigkeit abgebrachte Arbeitnehmer: (1) – (2)	–	1 899	1 899
4. Beschäftigung			
Landwirtschaft	13 142	12 945	– 197
Städt. formeller Sektor	15 219	14 595	– 624
Städt. informeller Sektor	10 797	14 517	3 720
Insgesamt	39 158	42 057	
5. Arbeitslosigkeit	910	3 332	2 422
6. Arbeitslosenquote	2,27%	7,3%	
7. Arbeitslosigkeit + informeller Sektor + von der Erwerbstätigkeit abgebrachte Arbeitnehmer in Prozent der potentiellen Erwerbsbevölkerung	29,2%	41,8%	

Quelle: The Employment Outlook for Brazil; Diskussionspapier der Weltbank, 1985

Anm.: Die Erwerbsbevölkerung für 1978 ergibt sich durch Interpolation zwischen den Volkszählungen von 1970 und 1980. Die Beschäftigungsverteilung auf die einzelnen Sektoren stammt aus der Haushaltsbefragung (PNAD) von 1978.
Als Beschäftigte des städtischen informellen Sektors gelten Arbeitnehmer ohne unterschriebene Lohnsteuerkarte oder ohne Erwerbseinkommen und 50 Prozent der Selbständigen.
Die Beschäftigungszahlen für 1984 für die Landwirtschaft und den städtischen formellen Sektor beruhen auf den Beschäftigungsindizes der Tabelle 1.

2,8 Prozent betragen haben muß, so können wir die Zunahme der Gesamtzahl der direkt von einer Teilnahme an einer Tätigkeit in den modernen Sektoren der brasilianischen Wirtschaft ausgeschlossenen Personen auf rund 7,2 Millionen (16 Prozent der Erwerbsbevölkerung) schätzen.[2]

Da in diesen Sektoren bei der Schaffung von Arbeitsplätzen kein Wachstum, sondern ganz im Gegenteil ein Rückgang zu verzeichnen war, wurden diese zusätzlichen Arbeitskräfte entweder durch Abschreckung vom Arbeitsmarkt gedrängt oder verstärkten die Reihen der Arbeitslosen oder der in informelle Wirtschaftssektoren abgewanderten Personen.

Die ungünstigeren Verhältnisse auf dem Arbeitsmarkt führten dementsprechend zu einer beträchtlichen Zunahme der informellen Wirtschaftstätigkeit, bei der nach Schätzungen in oben schon erwähnten Studien der Weltbank (Tabelle 2) rund die Hälfte der obengenannten marginalisierten Arbeitskräfte aufgenommen worden sein muß. Dies bedeutet, daß die Zahl der Beschäftigten im informellen Sektor von rund 10,9 Millionen im Jahre 1978 auf rund 14,6 Millionen 1984 angestiegen sein muß. Der informelle Sektor, in dem bereits zum ersten Zeitpunkt rund 28 Prozent aller brasilianischen Arbeitskräfte tätig waren, beschäftigte somit gegen Ende des Untersuchungszeitraums rund 33 Prozent. Obwohl diese Zahlen mit Vorsicht aufzunehmen sind, da das für die Dimensionierung dieses Sektors gewählte Kriterium aus empirischen Gründen nicht sehr genau ist, wird doch ohne jeden Zweifel eine beträchtliche Zunahme der mit marginalen wirtschaftlichen Tätigkeiten beschäftigten Personen deutlich.

Da die Durchschnittsziffer der gemeldeten Arbeitslosigkeit von 2,3 Prozent 1978 auf 7,3 Prozent 1984 anstieg, können wir berechnen, daß die Zahl der Arbeitsuchenden 1984 2,4 Millionen Menschen erreicht haben muß. Die durch Ermittlung der Diffe-

Tabelle 3:
Brasilien – BSP und Pro-Kopf-BSP, 1978/1984
(**Wachstumsraten**)

	1978	1979	1980	1981	1982	1983	1984
BSP	5,0	6,4	7,2	–1,6	0,9	–3,2	4,5
Pro–Kopf-BSP	2,5	3,8	–4,6	–4,0	–1,5	–5,5	–1,7

Quelle: Brasilianische volkswirtschaftliche Gesamtrechnung

renz zu berechnende Zahl der arbeitslosen Beschäftigten während dieses Zeitraums lag somit grob gesprochen bei 1,9 Millionen Menschen. Aus diesen Schätzungen läßt sich folgern, daß die „überzähligen Arbeitskräfte" in der brasilianischen Volkswirtschaft von 29,2 Prozent der Erwerbstätigen 1978 auf rund 41,8 Prozent 1984 gestiegen ist. Diese letzten Endes unvollkommenen Informationen bringen dennoch in eindringlichster Form die verheerenden Wirkungen der Krise und der zu Beginn des Jahrzehnts beschlossenen traditionellen Nachfragedrosselungspolitik in einer Volkswirtschaft mit strukturbedingtem Arbeitskräfteüberangebot zum Ausdruck. Es ist darauf hinzuweisen, daß die Ausweitung des informellen Sektors während der Rezession in hohem Maße auf das Fehlen der Einrichtung des Arbeitslosengeldes in Brasilien zurückzuführen ist. Der arbeitslose Beschäftigte hat im allgemeinen nur eine Möglichkeit: er muß sich eine unsichere Übergangsstelle im informellen Sektor besorgen, um sein Auskommen und das seiner Familie zu sichern. Wir können darum die Schlußfolgerung ziehen, daß die Verabschiedung einer wirtschaftlichen Anpassungspolitik, die aufgrund der Auflagen der jüngsten internationalen Vereinbarungen wegen der Finanzprobleme des Landes ihrem Wesen nach rezessiv ist, zu einer beträchtlichen Verschlechterung der Lebensbedingungen wesentlicher Teile der brasilianischen Bevölkerung geführt hat. Über die Wirkungen des Anstiegs der Arbeitslosigkeit und der Unterbeschäftigung hinaus verursacht die Krise in Verbindung mit der Lohnpolitik der früheren Regierung eine Verringerung der Kaufkraft der Lohnempfänger und einkommensschwachen Selbständigen, was sich in einem Anstieg des relativen und des absoluten Elends, des Bettelns und der Kriminalität zeigt. Es ist zu bedenken, daß das reale Pro-Kopf-Einkommen des Landes von 1980 bis 1984 um 10 Prozent zurückging (Tabelle 3) und daß dieser Rückgang bei den einkommensschwachen Familien wahrscheinlich ausgeprägter war, da die Überfüllung des Arbeitsmarktes in der Krise oder in Zeiten der Depression für die Arbeitnehmer bekanntlich nachteilig ist.

Um die Folgen der Arbeitslosigkeit, der Unterbeschäftigung und der allgemeinen Verarmung der brasilianischen Gesellschaft für den Wohlstand der Bevölkerung zu verdeutlichen, zeigen wir im folgenden die Entwicklung der Verteilung der persönlichen Einkommen seit 1960 einschließlich einer Schätzung für das Jahr 1982 (Tabelle 4). Bekanntlich ist das brasilianische Verteilungsmodell eines der konzentriertesten der Welt, und während des letzten Jahrzehnts hat sich die Lage weiter verschlechtert. Da die Gründe für diese Sachlage eingehend erörtert worden sind[3], ist es zu einer ergiebigen und bedeutsamen Kontroverse gekommen, obwohl wir unserem anfangs gegebenen Versprechen treu bleiben werden, keine theoretischen Diskussionen zu beginnen, und uns bei der Diskussion nur auf das konzentrieren, was jedem, der sich die verfügbaren Informationen ansieht, sofort klar wird. Wenn die Datengrundlage dieser Schätzungen auch stark angefochten worden ist[4], läßt sich doch kaum ernsthaft bezweifeln, daß sich die Einkommenskonzentration in Brasilien verschärft hat.

Wir könnten höchstens die Größenordnung der Verschlechterung in Frage stellen. Jedenfalls sind wir der Auffassung, daß auch ein nüchterner Beobachter angesichts der Größenordnung

Tabelle 4:
Verteilung der persönlichen Einkommen in Brasilien

		1960	1970	1980	1982
Perzentil					
	40 −	11,6	10,0	9,7	9,5
	50 −	17,7	14,9	14,2	14,0
	60 −	25,4	20,8	19,7	19,6
	70 −	34,8	28,2	26,9	26,8
	80 −	45,8	37,8	36,8	36,7
	10 +	39,7	47,8	47,8	47,9
	5 +	27,7	34,9	34,8	34,9
Gini-Koeffizient		0,50	0,56	0,58	0,59

Quelle: Für 1960 und 1970, Langoni (1973, Seite 64); für 1980 Hoffman (1982, Seite 32).

Anm.: Berechnung durch die genannten Verfasser anhand von Daten der Volkszählungen von 1960, 1970 und 1980 sowie der Haushaltsumfrage (PNAD) von 1982. Alle entgeltlich beschäftigten Personen über 10 Jahren sind aufgenommen.

des hier gezeigten Problems stark beeindruckt sein muß. Zwar scheinen die Veränderungen der Werte in Tabelle 4 zwischen 1980 und 1982 klein zu sein und obwohl die Qualität der Schätzungen für eine eindeutige Verschlechterung des Verteilungsmodells während dieser beiden Jahre nicht ausreicht, müssen wir doch hervorheben, daß die Einkommensverteilung sich während dieser Krisenjahre ganz entsprechend diesen Daten nicht verbessert zu haben scheint. Wenn wir aber die drastische Kürzung der Reallöhne in der Industrie und Landwirtschaft (um circa 14,8 Prozent von 1980 bis 1984)[5] um einen höheren Betrag als beim Rückgang des Pro-Kopf-Einkommens berücksichtigen, so erwächst in uns der starke Verdacht, daß die Armen verhältnismäßig ärmer und die Reichen in Brasilien reicher geworden sind, selbst wenn absolut gesehen alle Einkommensschichten während dieses Zeitraums ärmer geworden sind.

Ein weiterer Grund, der diesen Verdacht erhärtet, ist der relative Chrakter der Stellenstreichungen; angesichts der unverhältnismäßig hohen Entlassungszahlen bei ungelernten Arbeitern wäre bei dieser Veränderung des durchschnittlichen Ausbildungsstandes („skill mix") ein Anstieg der durchschnittlichen Industriearbeiterlöhne zu erwarten gewesen – in Wirklichkeit gingen diese Löhne jedoch während des genannten Zeitraums zurück. Ungeachtet der von der brasilianischen Regierung seit 1984 durchgeführten Veränderungen in der Lohnpolitik belegen die Schätzungen für dieses Jahr ein weiteres Absinken der Reallöhne. Es zeigt sich also, daß der Anstieg der Inflation 1984 die steigende Tendenz der Nominallöhne (zum Zeitpunkt der Lohnanpassungen) wieder aufgezehrt hat.

Wir müssen unsere Aufmerksamkeit unbedingt der augenblicklichen Realität zuwenden, um eine Beurteilung der Zukunftsaussichten vorzunehmen, also der wahrscheinlichen Wachstumsentwicklung der Arbeitskräfte, der Inlandsproduktion und der Arbeitsproduktivität, wobei diese Variablen in ihrer langfristigen Entwicklung zu betrachten sind. Vorher lohnt es sich, derartige Informationen für die Krisenjahre zu untersuchen (Tabelle 5). In dieser Tabelle werden nur Daten für den industriellen Sektor vorgelegt, da für die anderen Sektoren der brasilianischen Volkswirtschaft keine ausreichend genauen Informationen vorhanden sind, die eine statistisch aussagekräftige Analyse erlauben würden.

Obwohl die Größenordnung der Veränderungen der Arbeitsproduktivität sorgfältig untersucht werden muß, scheinen die qualitativen Informationen zutreffend zu sein. Im Gegensatz zu den Beobachtungen während einer Rezession in den hochindustrialisierten Ländern nahm die Arbeitsproduktivität in der brasilianischen Industrie während der Rezession zu. Ein Erklärungsversuch für diese Diskrepanz ergibt sich bei einer Vergleichsanalyse der Merkmale des internen Arbeitsmarktes von

Tabelle 5:
Brasilien – Tendenzen der Beschäftigung, der Produktion und der Produktivität 1980 bis 1983
(1978 = 100)

Jahr	gewerbliche Produktion		
	Beschäftigung	Produktion	Produktion / Beschäftigung
1980	106,6	114,4	1,07
1981	98,9	103,1	1,04
1982	92,0	103,6	1,13
1983	84,7	98,1	1,16

Quelle: IBGE, *Indicadores Conjunturais da Industria.*
(Gewerbliche Konjunkturindikatoren).

Unternehmen in beiden Wirtschaftssystemen. In den entwickelten Ländern vermeiden es die Unternehmen wegen der Schwierigkeiten und der Kosten der Einstellung und Ausbildung von Facharbeitern um fast jeden Preis, Arbeiter zu entlassen, wenn die Produktion zurückgeht und diese abwärts gerichtete Entwicklung nur vorübergehender Natur zu sein scheint. In Brasilien war dies nicht so, jedenfalls nicht in dem Maße, wie es in jenen Ländern zu beobachten war. Aufgrund des scharfen Wettbewerbs während der Krise, des Kampfes um das Überleben auf dem Markt und in Anbetracht der Wirtschaftspolitik entließen brasilianische und ausländische Unternehmen eine große Zahl von Arbeitnehmern. Infolgedessen scheint die Arbeitsproduktivität selbst bei einem Produktionsrückgang leicht gestiegen zu sein.

Zur Untersuchung der künftigen Beschäftigungsaussichten in Brasilien wollen wir hier ein sehr einfaches, auf einer elementaren Gleichsetzung beruhendes Modell verwenden: das bei einem bestimmten Produkt erreichte Wachstum ist gleich der Wachstumsrate der Beschäftigung zuzüglich des Anstiegs der Arbeitsproduktivität. Wir wollen also das jährliche Mindestwirtschaftswachstum ermitteln, das die Beschäftigung der Arbeitnehmer gewährleistet, die jedes Jahr neu auf den Arbeitsmarkt kommen, ohne daß dabei die langfristige Wachstumstendenz der Arbeitsproduktivität verringert würde. Hierzu sind nur brauchbare Schätzungen des Wachstums der potentiellen Arbeitskräfte und ihrer Produktivität erforderlich. Wir nehmen einmal ganz vorsichtig an, daß die derzeitige Zahl der aus dem formellen Teil der brasilianischen Wirtschaft verdrängten Beschäftigten konstant bleibt. Wir möchten betonen, daß dies eine vorsichtige Schätzung ist, weil wir zuerst einmal nicht ausdrücklich die Notwendigkeit einer Beschäftigung der zur Zeit nicht erwerbstätigen Arbeitskräfte betrachten, die angesichts des oben gezeichneten Bildes mittelfristig nach unserer Auffassung unvermeidbar ist.

Als Schätzwert des jährlichen Wachstums der Beschäftigten nehmen wir die vorher verwendete Zahl von 2,8 Prozent. Diese Zahl gilt nach den jüngsten Bevölkerungsuntersuchungen[6] als die unterste Grenze. Die Ermittlung eines vertretbaren Schätzwertes für das Wachstum der anderen Variablen scheint demgegenüber problematischer zu sein. Wenn wir den Wert der mittleren jährlichen Veränderung der wirtschaftlichen Gesamtproduktivität von 1978 bis 1984 nehmen und das BIP (Bruttoinlandsprodukt) und die Beschäftigtenzahlen der Tabelle 2 während dieser beiden Jahre verwenden, kommen wir praktisch auf den Wert Null. Da die Produktivität der manuellen Arbeitskräfte in der Industrie gestiegen sein muß, muß sie in den anderen wirtschaftlichen Tätigkeitsbereichen zurückgegangen sein. Dies mag im öffentlichen Sektor und im Dienstleistungsbereich erfolgt sein, in denen zahlreiche informelle Aktivitäten konzentriert sind. Nehmen wir dagegen die Ergebnisse der Volkszählungen von 1970 und 1980, eines Zeitraums, während dessen die

Produktion im Jahresdurchschnitt um 8,4 Prozent anstieg, so stellen wir einen mittleren jährlichen Anstieg der Produktivität um 4,7 Prozent fest.

Als Lösung für dieses Problem schätzen wir für den Anstieg der Produktivität einen tatsächlichen jährlichen Mittelwert, der in der Industrie und der Landwirtschaft insgesamt festgestellt wurde. Mit den Volkszählungsdaten von 1960 bis 1980 erhalten wir einen Schätzwert von 3,4 Prozent pro Jahr, der mit den internationalen Daten für Entwicklungsländer übereinstimmt. Das Ergebnis lautet, daß das Wachstum, das für die Beschäftigung der zunehmenden Arbeitskräftezahlen während der nächsten zehn Jahre erforderlich ist, jährlich rund 6,2 Prozent betragen müßte.

Nach unseren Schätzungen wird nun bis zum Jahr 2000 ein mittleres jährliches Wachstum von 7,1 Prozent erforderlich sein, um die Personen, die während der Rezession arbeitslos oder unterbeschäftigt waren, sowie die Neuankömmlinge auf dem Arbeitsmarkt während dieses Zeitraums in dem formellen Sektor beschäftigen zu können. Hier wird stillschweigend das gleiche Wachstum der Produktivität wie im obigen Fall – 3,4 Prozent pro Jahr – angenommen, was einen mittleren Anstieg der Beschäftigung um 3,7 Prozent pro Jahr bedeutet, wie er während der siebziger Jahre zu verzeichnen war. Dieses Ziel scheint schwer erreichbar zu sein, wenn nicht sowohl im Handel als auch im internationalen Finanzsektor und in der Leistungsfähigkeit der brasilianischen Volkswirtschaft grundlegende Änderungen vorgenommen werden.

Die wichtigste Schlußfolgerung lautet, daß die internationalen Vereinbarungen zwischen Brasilien und der internationalen Finanzwelt über die Zinsanpassung (roll-over) seiner Auslandsverschuldung der Möglichkeit Rechnung tragen müssen, daß das Land ein Wachstum von wenigstens 6 Prozent erreicht, damit eine Verschlechterung der internen und sozialen Lage vermieden wird. Es liegt jedoch klar zutage, daß ein großer Teil dieser Anstrengungen von der brasilianischen Regierung unternommen werden müssen.

Die Verringerung des Defizits des staatlichen Sektors, die Modernisierung der öffentlichen Verwaltung, eine verbesserte Leistungsfähigkeit der im Staatsbesitz befindlichen Unternehmen und eine Steigerung der Exportkapazität des Landes sind die wirtschaftspolitischen Ziele, die die brasilianischen Wirtschaftsstellen werden festlegen müssen, wenn das Wachstum aufrechterhalten werden soll, um die derzeitigen Arbeitslosigkeits- und Unterbeschäftigungsprobleme zu minimieren.

Obwohl wir unsere Analyse auf die brasilianischen Verhältnisse konzentriert haben, vertrauen wir doch darauf, daß die Probleme und Herausforderungen in den meisten Entwicklungsländern die gleichen sind. Für die Lösung der Probleme der Arbeitslosigkeit und der Unterbeschäftigung in den Entwicklungsländern sind beträchtliche Anstrengungen bei der Aufrechterhaltung hoher Wachstumsraten über lange Zeiträume hinweg erforderlich.

Die meisten Entwicklungsländer sind dazu von ihrem Potential her in der Lage, wenn dieses Wachstum nicht durch vorübergehende finanzielle Engpässe oder eine Rezession in den entwickelten Ländern zum Stillstand gebracht wird, weil so die Möglichkeit der unterentwickelten Länder, die für die Finanzierung der erforderlichen Einfuhren benötigten Devisen zu verdienen, beschränkt wird.

Jedenfalls führen die beiden Ziele der verstärkten Beschäftigung von Arbeitskräften und der Steigerung der Arbeitsproduktivität zu höheren Anforderungen an die Mindestwachstumsraten. Wenn also die Arbeitslosigkeit und die Unterbeschäftigung in den Entwicklungsländern verringert werden sollen, müssen höhere Wachstumsraten erzielt werden.

Eine kurzfristig angelegte Wirtschaftsstabilisierungspolitik zur Verringerung der Gesamtnachfrage sowie der Protektionismus der Ersten Welt gegenüber Ausfuhren aus der Dritten Welt und der Finanzkonservatismus der internationalen Finanzwelt tragen keineswegs dazu bei, das Ziel einer gerechten und produktiveren Gesellschaft zu erreichen.

Anmerkungen

[1] Weltbank, *The Employment Outlook for Brazil*, 1985.
[2] Schätzungen auf der Grundlage der landesweiten Haushaltsumfrage (PNAD – Pesquisa Nacional de Amostra de Domicílio) weisen für 1984 eine Erwerbsbevölkerung von 45,4 Millionen aus.
[3] Siehe z. B. Bacha, E. L. und Taylor, L.: „Brazilian Income Distribution in 1960: Facts, Model Results and the Controversy"; in: *Journal of Development Studies*, April 1978, Seite 271 bis 297 und Fonseca, M.: „An X-Ray of Brazilian Income Distribution: Decomposing the Gini Coefficients"; in: *Luzo-Brazilian Review*, Vol. 8, Nr. 1. 1981.
[4] Pfefferman, G. P. und Webb, R.: „The Distribution of Income in Brazil"; in: *The World Bank Working Paper*, Nr. 356, 1979.
[5] Quelle: Fundação Getúlio Vargas, *Conjuntura Econômica*, Juli 1985.
[6] Siehe z. B. Paiva, P.: „Fifty Years of Population Growth and Labor Absorption in Brazil. From 1956 to 2000"; CEDEPLAR, hektographiert, Juli 1984. Die Schätzung liegt an der unteren Grenze, da der Anteil der Frauen an der Erwerbsbevölkerung als konstant angenommen worden war, in den letzten Jahren aber nach oben tendierte.

Tyll Necker

Unterbeschäftigung in Entwicklungsländern

1. Unterbeschäftigung ist gewiß kein spezielles Problem der Entwicklungsländer. Gleichwohl stellt sich die Situation dort anders dar als etwa in den entwickelten Industriestaaten, die ihrerseits seit einigen Jahren einen nur schwer abzubauenden Bestand an Arbeitslosen aufweisen. Den offiziellen Statistiken freilich ist dieser Unterschied kaum zu entnehmen. Für die meisten Entwicklungsländer werden – sofern Zahlen überhaupt veröffentlicht werden – Arbeitslosenraten ausgewiesen, die kaum über denjenigen der OECD-Länder liegen.[1] Demgegenüber kommen inoffizielle Schätzungen zu dem Schluß, daß die tatsächliche Arbeitslosenquote bis zu zehnmal höher liegt als offiziell ausgegeben. Denn das größte Problem ist die sogenannte verdeckte Arbeitslosigkeit.

Mehr noch als durch das gegenwärtige Ausmaß der Arbeitslosigkeit unterscheiden sich Industrie- und Entwicklungsländer durch die zu erwartende künftige Entwicklung. Bis zum Jahr 2000 wird die Anzahl der Erwerbspersonen in den westlichen und östlichen Industrieländern nur halb so schnell wachsen wie in den vergangenen zwei Jahrzehnten. Die Entwicklungsländer hingegen werden angesichts ihrer Bevölkerungsexplosion (mit Ausnahme von Indien und China) eine beschleunigte Zunahme der Arbeitssuchenden registrieren. Ihr Erwerbspersonenpotential wird fünfmal schneller ansteigen als in den Industrieländern.[2] Der Kampf um bessere Lebensbedingungen in der Dritten Welt gestaltet sich daher als Wettlauf, und zwar als Wettlauf zwischen Bevölkerungswachstum und Wohlstandswachstum.

2. Allerdings ist auch diese Konstellation für die heutigen Industrieländer nicht unvertraut. Sie selbst befanden sich vor zweihundert Jahren in prinzipiell der gleichen Situation. Vor diesem Hintergrund entwickelte der englische Pfarrer Thomas Malthus 1798 das sogenannte „eherne Lohngesetz". Er nahm an, die Güterversorgung – vor allem die Nahrungsmittelversorgung – könne mit der rasch zunehmenden Bevölkerung nicht Schritt halten. Die Folge sei, daß langfristig keine Realeinkommenszuwächse möglich seien. Vielmehr müßten die Löhne am Existenzminimum verharren.

Natürlich kam es ganz anders, wie wir alle wissen. Weder wuchs die Bevölkerung so schnell, wie Malthus es vermutet hatte; noch stagnierte die Produktion von Nahrungsmitteln und sonstigen materiellen wie immateriellen Gütern auf dem befürchteten niedrigen Niveau. Diese Erfahrung läßt hoffen. Sie kann einen Weg weisen in eine bessere Zukunft der Entwicklungsländer auch in unserer Zeit.

3. Was die Bevölkerungsentwicklung betrifft, so handelt es sich nicht um einen Prozeß, der mit mathematischer Zwangsläufigkeit vonstatten geht. Auch das generative Verhalten der Menschen ist von bestimmten sozio-ökonomischen Faktoren abhängig. Dazu zählt in erster Linie das Einkommens- oder Wohlstandsniveau. Je höher das Einkommen, desto stärker kann der einzelne selbst für Wechselfälle des Lebens vorsorgen und Ersparnisse fürs Alter bilden. Um so weniger ist er darauf angewiesen, durch eine große Zahl von Kindern seinen Lebensunterhalt zu sichern für die Zeiten, in denen er nicht (mehr) selbst arbeiten kann. Dieser Faktor ist mehr als jeder andere für die niedrigen Bevölkerungszuwachsraten in den entwickelten Ländern verantwortlich.

Steigende Einkommen bedeuten in der Tendenz auch abnehmendes Arbeitsangebot. Wenn der einzelne mehr verdient, sind weniger erwerbstätige Familienmitglieder und weniger Arbeitsstunden pro Familienmitglied ausreichend, um den Lebensunterhalt der Familie zu gewährleisten. Auch von dieser Seite her ist im Zuge der wirtschaftlichen Entwicklung mit einer Entlastung des Arbeitsmarktes zu rechnen. Wirtschaftliches Wachstum ist daher nicht nur erforderlich, um die Lebensbedingungen der in der Dritten Welt lebenden Menschen zu verbessern, sondern auch, um den Bevölkerungsanstieg zu bremsen. Der Wettlauf zwischen Bevölkerungswachstum und Wohlstandswachstum kann nur durch verstärkte Anstrengungen zur Steigerung des Einkommens gewonnen werden.

4. Auch bei der Frage, wie dieses Ziel erreicht werden kann, ist der Blick in die Vergangenheit aufschlußreich. Die heutigen Industrieländer verdanken ihren gewaltigen wirtschaftlichen Aufschwung in der Zeit nach Malthus vor allem einem Wandel in den wirtschaftspolitischen Leitvorstellungen. Das merkantilistisch-staatsinterventionistische System wich der auf Arbeitsteilung und Eigeninitiative beruhenden marktwirtschaftlichen Ordnung. Durch die diesem System immanente Symbiose von einzelwirtschaftlichem Interesse und gesamtwirtschaftlichem Nutzen wurden Produktivkräfte freigesetzt, die eine ungeahnte Wohlstandsvermehrung für alle bescherten.

Um keine falsche Vorstellung aufkommen zu lassen: Es kann nicht das Ziel sein, den heutigen Ländern der Dritten Welt genau denselben Entwicklungspfad vorzuschlagen, den die Industrieländer zuvor gingen. Der Frühkapitalismus mit seinen gewaltigen Ungleichheiten in der Einkommens- und Vermögensverteilung und seinen zum Teil gräßlichen Lebensbedingungen für die arbeitenden Menschen darf sich nicht wiederholen. Der Staat muß von vornherein für eine gleichmäßigere Verteilung der Chancen für die einzelnen sorgen. Dazu gehört etwa die Durchführung von Infrastrukturmaßnahmen in besonders unterentwickelten Gebieten sowie eine aktive Rolle beim Prozeß der gesamtwirtschaftlichen Kapitalbildung.

Aber: All das darf nicht Selbstzweck sein. Es muß vielmehr dazu helfen, den Menschen *Chancen* zu eröffnen. Sie müssen die Möglichkeit erhalten, ihre Talente zu entwickeln, ihren Fähigkeiten gemäß in den Wirtschaftsprozeß integriert zu werden und den angemessenen Lohn für ihre Anstrengungen zu verdienen. Dieser Aufgabe wird am besten eine marktwirtschaftliche Ordnung gerecht – charakterisiert durch dezentrale Entscheidungsmechanismen, individuelle Vertragsfreiheit und Zuteilung der Produktionsfaktoren und Güter nach dem Geflecht der relativen Preise. Dieses System setzt Anreize, die jeden einzelnen zu maximaler Leistung anspornen und die gleichzeitig auf die Befriedigung der dringendsten gesamtwirtschaftlichen Bedürfnisse ausgerichtet sind.

5. Genau dieser leistungsfördernde Mechanismus – Privatinitiative und persönliches Vorteilsstreben zum Nutzen aller – ist in vielen Ländern der Dritten Welt blockiert. Dort existiert vielfach die Vorstellung, die wirtschaftliche Entwicklung ließe sich vom Staat programmieren, er müsse alle Wirtschaftsbereiche nach einem umfassenden Plan koordinieren und selbst eine dominierende Rolle in wichtigen Sektoren spielen (zum Beispiel im Außenhandel, bei Investitionsentscheidungen etc.). Der hohe Umfang staatlicher Aktivitäten läßt sich beispielsweise ablesen an dem überproportionalen Personalbedarf. In den Industrieländern (OECD) ist im Durchschnitt nur jeder siebte Erwerbstätige ein Staatsbediensteter. In den Entwicklungsländern hingegen ist es durchschnittlich jeder dritte bis jeder zweite.[3] Für Privatinitiative und Risikobereitschaft bleibt da nicht viel Raum.

Viele Volkswirtschaften der Dritten Welt sind auch aus einem verwandten Grund wenig produktions- und Beschäftigungsfreundlich. Sie weisen eine verzerrte Anreizstruktur auf, weil der Staat sowohl auf den Gütermärkten als auch auf den Faktormärkten wichtige Preise nach eigenem Gutdünken reglementiert. Indolgedessen lassen sie vielfach jeden Zusammenhang mit den tatsächlichen Knappheitsverhältnissen, den Produktionskosten und der Qualität der angebotenen Waren vermissen.[4] Wohlgemerkt: Dahinter mögen in jedem einzelnen Fall höhere gesellschaftspolitische Zielsetzungen stehen. Doch nur allzuoft erweisen sich derartige Maßnahmen als kontraproduktiv, und ihre Auswirkungen auf die Beschäftigung sind ernüchternd.

6. In vielen Entwicklungsländern werden beispielsweise Grundnahrungsmittel zu stark subventionierten Preisen an die Bevölkerung abgegeben. Die Differenz zwischen dem Verkaufspreis des Produzenten und dem Abgabepreis an den Verbraucher wird vom Staatshaushalt getragen. In vielen Fällen machen diese Subventionen schon nach kurzer Zeit so hohe Beträge aus, daß der Staat sie nicht mehr finanzieren kann. Oft behilft er sich dann damit, daß er die einheimischen Produzenten zwingt, ihre Ernte unter Wert an die staatlichen Ankaufstellen zu verkaufen.[5]

Dem Verbraucher mag eine solche Politik prima facie nutzen. Auf den zweiten Blick aber stellen sich ernste Zweifel an. Die Verbilligung der Nahrungsmittel bedeutet eine künstliche Verzerrung der Terms of trade zu Lasten der Landwirtschaft: die Produzenten landwirtschaftlicher Produkte können mit ihren Erlösen immer weniger kaufen. In vielen Fällen deckt der staatliche Abnahmepreise nicht einmal mehr die Herstellungskosten. Unter solchen Umständen besteht kein Anreiz, zusätzliche Anbauflächen zu erschließen, neue Anbaumethoden zu erproben etc. Oft wird die Produktion sogar eingeschränkt. Das veranlaßte den Landwirtschaftsminister von Simbabwe zu der drastischen Formulierung: „A low food price policy is a no food policy."[6] Damit bleibt gerade die Landwirtschaft, die aufnahmefähig für Arbeitskräfte und den lokalen Gegebenheiten angepaßt ist, hinter ihren Möglichkeiten zurück.

Zu den negativen Beschäftigungswirkungen kommt hinzu, daß infolge der unzureichenden inländischen Lebensmittel in zunehmendem Ausmaß vom Ausland importiert werden müssen. Das belastet die Handelsbilanz und trägt zur Auslandsverschuldung bei. Überdies kommt es auch hier – wie stets bei massiven Subventionen – zu Verschwendung. So wird etwa aus Ägypten berichtet, daß vor einigen Jahren in großem Umfang Brot an Vieh verfüttert wurde, weil dank des staatlichen Preiseingriffs Brot billiger war als Heu.[7]

7. Besonders ausgeprägt sind staatliche Preisinterventionen im Finanzsektor. In vielen Entwicklungsländern gelten strikte Obergrenzen für Zinsen auf Spareinlagen und Kredite.[8] Zwar stehen auch hinter diesen Regelungen durchaus wohlmeinende Absichten: sei es der Schutz des „kleinen" Kreditnehmers vor Wucherzinsen, oder sei es das Motiv, über niedrige Geldzinsen die Ausgaben- und Investitionstätigkeit anzuregen. Allerdings haben diese administrativen Eingriffe gravierende Auswirkungen auf die Bereitstellung und die Verwendung von Geldkapital – mit höchst nachteiligen Folgen für Produktion und Beschäftigung.

Künstlich niedrig gehaltene Nominalzinsen bieten verständlicherweise wenig Anreiz, Ersparnisse zu tätigen und diese dem Kapitalmarkt zur Verfügung zu stellen. Das gilt in verstärktem Maße dann, wenn die Inflationsrate die Guthabenzinsen sogar übersteigt. Tatsächlich ist der Realzins in vielen unterentwickelten Volkswirtschaften negativ. Die Bildung von Geldersparnissen wird so gleichsam mit einer Strafsteuer belegt. Gespart wird unter diesen Umständen verständlicherweise eher in Form – unproduktiver – Sachwerte wie Gold, Edelsteinen oder importierten Luxusgütern.

Die geringe Attraktivität der Geldvermögenshaltung ist nicht zuletzt auch einer der Gründe, weshalb vielerorts die Finanzmärkte und -institutionen nur rudimentär entwickelt sind. Selbst wenn im Einzelfall die Bereitschaft zur Geldanlage durchaus gegeben sein sollte, unterbleibt sie oft mangels entsprechender Anlagemöglichkeiten. So verbleibt häufig nur der Weg zur Geldanlage im Ausland; im Inland dringend benötigtes Kapital wandert ab.

Angesichts der Kapitalknappheit stehen Selbständigen und risikofreudigen Kleinunternehmern zu Kreditaufnahme häufig nur die sogenannten nichtinstitutionalisierten Kreditmärkte zur Verfügung. Dort ist aus einleuchtenden Gründen in der Regel nur eine kurzfristige Finanzierung möglich, und selbst dies nur zu exorbitant hohen Zinssätzen. Selten liegen sie unter 30 Prozent, häufig sogar weit über 100 Prozent.[9] Viele an sich produktive Investitionsobjekte werden angesichts solcher Bedingungen schon im Vorfeld an der Finanzierungsfrage scheitern.

Demgegenüber wird derjenige, der zu dem marktwidrig niedrigen Zins Finanzmittel erhält, dazu verleitet, Kapital in stärkerem Maße einzusetzen, als es den volkswirtschaftlichen Knappheitsverhältnissen entspricht. Der Einsatz von Kapital wird subventioniert; der Einsatz von Arbeit wird diskriminiert. Die Folge ist eine zu kapitalintensive Produktionsstruktur.[10] So erklärt sich, warum trotz eines steigenden Anteils der Investitionen am Bruttoinlandsprodukt in den meisten Entwicklungsländern[11] die Beschäftigung nur vergleichsweise wenig zunimmt.

Insgesamt leiden die meisten Volkswirtschaften der Dritten Welt nicht an einem Mangel an Investitionsmöglichkeiten. Im

Gegenteil: Rentable Projekte sind in vielfältiger Weise vorhanden, da oft schon marginale technische Verbesserungen oder organisatorische Umstellungen hohe Produktivitätseffekte zeitigen. Woran es dagegen häufig fehlt, ist das erforderliche Kapital sowie vor allem auch dessen effizienter Einsatz. Dringend geboten ist daher der Aufbau einer leistungsfähigen Infrastruktur im Finanzbereich in Verbindung mit einer Liberalisierung der Geldmärkte.

8. Ein ähnlich wichtiger Parameter wie der Zins für die Angebotsbedingungen einer Volkswirtschaft ist der Wechselkurs. Der Außenwert vieler Währungen in Entwicklungsländern ist überhöht. Der Grund liegt in den hohen Inflationsraten, die trotz periodischer Abwertungen zu einer Überbewertung führen. Auch hierzu gehen zahlreiche negative Impulse für die Beschäftigungsentwicklung aus. So wird beispielsweise die erwähnte Tendenz in Richtung auf eine zu kapitalintensive Produktionsstruktur gefördert: der Kauf ausländischer Investitionsgüter wird durch die Überbewertung subventioniert, was einer Benachteiligung des Einsatzes heimischer Arbeitskräfte gleichkommt.

Nachteilig wirkt sich die künstliche Überbewertung auch auf den Exportsektor aus. Ein Unternehmer, der Waren ins Ausland verkauft, erhält in vielen Ländern pro Einheit ausländischer Währung von den staatlichen Stellen nur die Hälfte desjenigen Betrages, den er auf inoffiziellen Märkten erhalten könnte. Es handelt sich dabei im Grunde um eine Sondersteuer auf Exporterlöse.

Begründet wird diese Praxis mit dem dringenden Finanzbedarf der Staatskasse. Übersehen werden dabei jedoch die negativen Auswirkungen auf die Anreizstruktur: Warum soll ein Unternehmer nach neuen ausländischen Märkten Ausschau halten oder sich um das Aufspüren neuer exportfähiger Produkte bemühen, wenn seine Leistung nicht angemessen honoriert wird? Auf diese Weise gehen wertvolle Exportchancen verloren. An sich vorhandene Produktions- und Beschäftigungspotentiale bleiben ungenutzt. Auch das gilt wiederum nicht zuletzt für die Landwirtschaft.

9. Diese Beispiele mögen genügen. Es kann und soll hier keine umfassende wirtschaftspolitische Problemskizze der Entwicklungsländer angefertigt werden. Es soll nur angedeutet werden, welche Hindernisse einer dynamischeren Wirtschaftsentwicklung in vielen Ländern der Dritten Welt im Wege stehen. Daß eine von den geschilderten staatlichen Interventionen weitgehend freie, möglichst marktwirtschaftlich orientierte Wirtschaftsordnung tatsächlich von herausragender Bedeutung für ein stärkeres Wirtschaftswachstum ist, kann nach allen vorliegenden empirischen Erkenntnissen gar nicht in Zweifel stehen. Ob Studien von der Weltbank, vom Internationalen Währungsfonds oder von unabhängigen Forschungsinstituten, sie alle kommen zu einem einheitlichen Schluß: Eine marktwirtschaftliche Wirtschaftspolitik ist notwendige Voraussetzung, um den Wettlauf zwischen Bevölkerungswachstum und Wohlstandswachstum zu gewinnen.

10. Allerdings: Marktwirtschaftliche Wirtschaftspolitik und damit Motivation der Menschen zu größeren Anstrengungen aus materialistisch-individualistischen Motiven allein genügt nicht. Auch das Ideelle – die Identifikation des einzelnen mit dem Kollektiv und übergeordneten Werten – ist wichtig. Diese Komponente darf und soll im Zuge des wirtschaftlichen Entwicklungsprozesses nicht verlorengehen. Deshalb beinhaltet die Forderung nach mehr Marktwirtschaft in den Entwicklungsländern nicht die Forderung nach einem Bruch mit hergebrachten Traditionen nationaler, ethnischer oder religiöser Art, wie vielfach behauptet wird. Es geht vielmehr um eine harmonische Symbiose, um eine wechselseitig förderliche Verbindung des Materiellen und des Ideellen.

Hierbei handelt es sich nicht um eine Utopie. Es gibt konkrete Beispiele, die berechtigten Anlaß zur Hoffnung geben. Man denke nur an die Volksrepublik China, wo ein fundamentaler wirtschaftspolitischer Kurswechsel stattfand. Zunächst wurde Ende der siebziger Jahre die Landwirtschaft weitgehend von den Fesseln bürokratischer Lenkung befreit. Die Ergebnisse waren offenbar so ermutigend, daß man sich vor einem Jahr auch zur Liberalisierung der industriellen Produktion entschloß. In seinem berühmten Beschluß vom 20. Oktober 1984 beruft sich das Zentralkomitee in unverblümter Offenheit auf marktwirtschaftliche Grundsätze. So heißt es etwa wörtlich: „Der Preis ist das wirksamste Koordinationsinstrumentarium." Entsprechend diesen Prinzipien ist der Produktionsprozeß nunmehr weitgehend dezentralisiert. Und das alles, ohne die ganz und gar antikapitalistische gesellschaftspolitische Weltvorstellung des Marxismus-Leninismus aufzugeben. Wenn man so will: Marktwirtschaft kommunistischer Prägung oder Kommunismus auf marktwirtschaftlicher Grundlage.

Es ist noch zu früh, um den Erfolg dieses Wandels abschließend beurteilen zu können. Um so mehr verdient das Experiment China allseitige Aufmerksamkeit. Es geht dabei nicht nur um die wirtschaftliche Entwicklung des bevölkerungsreichsten Staates der Erde. Es geht auch um die Frage, ob dort ein nachahmenswertes Modell zur Bewältigung der wirtschaftlichen Probleme in den Entwicklungsländern allgemein vorgeführt werden kann.

Anmerkungen

[1] Vergleiche International Labour Office, Yearbook of Labour Statistics 1984.
[2] Quelle: Weltbank, Weltentwicklungsbericht 1985, Tabelle 21.
[3] Quelle: Jamuna P. Agarval, Martin Dippl und Rolf Langhammer, EC Trade Policies Towards Associated Developing Countries. Kieler Studien Nr. 193, Tübingen 1985, Seite 93.

[4] Zu diesen Problemen hat sich ausführlich geäußert der Internationale Währungsfonds in seinem Annual Report 1982, Seite 53 ff.
[5] Für den Fall der Dominikanischen Republik findet sich der hier skizzierte Verlauf dokumentiert in einem Beitrag des Wall Street Journal vom 24. Juli 1984.
[6] Zitiert nach: Jürgen Warnke, Ökonomie und Humanität – Standort deutscher Entwicklungspolitik, in: Brennpunkt Dritte Welt, hrsg. von Götz Link und Michael Spangenberger, Köln 1985, Seite 27.
[7] Quelle: Schuettinger, R. und Butler, E.: Forty Centuries of Wage and Price Controls. New York 1978, Seite 150.
[8] Siehe dazu die empirische Studie von Vincente Galbis, Inflation and Interest Rate Policies in Latin America 1967–1976. IMF Staff Papers, 26 (1979), Seite 114 ff.
[9] Quelle: U Tun Wai, A Revisit to Interest Rates Outside the Organized Markets of Underdeveloped Countries. Banco Nationale del Lavoro Quarterly Review, September 1977, Seite 291 ff.
[10] Näheres hierzu siehe: Bernhard Fischer, Zur Liberalisierung der Finanzmärkte in Entwicklungsländern, in: Die Weltwirtschaft 1981, Seite 122 ff. Ferner: Edward S. Shaw, Financial Deepening in Economic Development. New York 1973, insb. 4. Kapitel.
[11] Vgl. Weltbank, Weltentwicklungsbericht 1985, Tabelle 5.

Johann Schasching

Arbeit, Arbeitslosigkeit und Entwicklung

Ich möchte in meinem Beitrag nicht Aussagen wiederholen, die in diesen Tagen und vor allem heute morgen bereits gemacht wurden. Ich möchte vielmehr ergänzend auf drei ethische Impulse hinweisen, die für die Lösung des so schwierigen Problems „Arbeit, Arbeitslosigkeit und Entwicklung" vielleicht hilfreich sein können. Ich möchte das bewußt in der Sicht des sozialen Rundschreibens Johannes Pauls II. über die menschliche Arbeit tun.

1. Der anthropologisch-ethische Imperativ der Arbeit

Zu den grundlegenden Aussagen dieses Rundschreibens gehört die Feststellung, daß die Arbeit wesentlich zur Verwirklichung des Menschen, zum „Mehr-Mensch-Sein" gehört. Hinter dieser Aussage steht klarerweise ein bestimmtes Menschenbild, das letztlich auf Freiheit und Verantwortung gründet. Darum gehört nach Laborem exercens die Frage der Arbeit nicht irgendwie zu den vielen anderen Problemen der heutigen Gesellschaft, sondern stellt den „Schlüssel der sozialen Frage" dar. Und das eben wegen ihrer unmittelbaren Beziehung zur Verwirklichung des Menschen.

Gleichzeitig aber vertritt Laborem exercens einen realistischen, das heißt offenen Begriff der Arbeit, der sich keineswegs auf die manuelle Arbeit beschränkt, sondern jede Arbeit umfaßt, auch die soziale, geistige und kulturelle Arbeit. Das besagt, daß nicht jede Arbeit unmittelbare Erwerbsarbeit sein muß, obwohl diese Art der Arbeit selbstverständlich auch in Zukunft ihre ganze Bedeutung behalten wird.

Was aber Laborem exercens sehr bewußt betont, ist dieses: Die menschliche Arbeit gerät zunehmend unter den Druck dessen, was man als die Rationalitätsstruktur der modernen Wirtschaft bezeichnen könnte. Dies hat sowohl positive als auch negative Aspekte. Zu den negativen gehört auch das, was heute bereits behandelt wurde, die Frage der Arbeitslosigkeit, die natürlich eine Reihe von Ursachen hat. Dies gilt nicht nur für die Industrieländer sondern in noch stärkerem Ausmaß für die Entwicklungsländer.

Gleichzeitig aber besteht sowohl in den Industrieländern als auch in den Entwicklungsländern die Nachfrage nach jenen vielfachen Formen der Arbeit, die der Humanisierung der Gesellschaft dienen, dem Schutz und der Hilfe der Familien, der Sorge um die Jugend, der Bildung und Erziehung, dem alten und kranken Menschen, dem Dienst an der Umwelt etc. Man mißverstehe Laborem exercens nicht: Es geht ihr keineswegs um die Verharmlosung der auch in Zukunft so dringend notwendigen Erwerbsarbeit.

Aber Laborem exercens sieht aufgrund der wissenschaftlich-technischen Entwicklung und aufgrund des wachsenden Sozialbedarfes auf nationaler und überstaatlicher Ebene die Notwendigkeit einer vertieften Reflexion über die Arbeit: „Die neuen Bedingungen und Herausforderungen werden eine Neuordnung der Wirtschaftsstrukturen notwendig machen." (n. 1)

2. Der gesellschaftliche Kontext der Arbeit

Wir wissen, wie tiefgreifend die Auswirkungen der Rationalitätsstruktur der Produktion am Beginn der industriellen Revolution auf die soziale Einbindung der Arbeit waren und wie lange es gedauert hat, bis Ansätze einer neuen Einbindung gefunden wurden. Dieser Prozeß ist bis heute nicht abgeschlossen. Wir wissen nur, daß von dieser Einbindung Entscheidendes für die Ordnung und für den Frieden der Gesellschaft abhängt.

Die Arbeit war in den Entwicklungsländern seit Jahrhunderten und man kann sagen: Jahrtausenden in feste soziale Kontexte eingebunden, die ihre Wurzeln in der Besonderheit der jeweiligen Kultur hatten. Nun sagt zwar „Gaudium et spes", daß bestimmte Gewohnheiten nicht als starr und unveränderlich angesehen werden dürfen, wenn sie den neuen Herausforderungen nicht mehr entsprechen. Gleichzeitig aber warnt das Konzil davor, das soziale und kulturelle Erbe unbedacht zu zerstören. Und das gerade auch in Hinblick auf die soziale Einbindung der Arbeit. Wir wissen heute besser als vor wenigen Jahrzehnten, wie schwierig es gerade in den Entwicklungsländern geworden ist, die Rationalitätsstruktur der modernen Industriewirtschaft in den sozialen und kulturellen Kontext zu integrieren. Das gilt sowohl für den ländlichen Bereich, aber noch viel mehr für die neuen Industriezentren und die städtischen Ballungsräume. Die organische Weiterentwicklung des bestehenden Sozialgefüges im ländlichen Raum und der teilweise neue Aufbau eines Sozialgefüges im städtischen Raum gehören zu den großen Entwicklungsaufgaben der Zukunft. Ohne einen tragenden gesellschaftlichen Mittelbau ist es unmöglich, einen demokratischen Staat aufzubauen.

Entscheidend also ist für die Soziallehre der Kirche in der Frage der Entwicklung der Völker die Feststellung, daß die Arbeit in einen sozialen und kulturellen Kontext eingebunden bleibt oder neu eingebunden wird.

3. Die Aufgabe der Religion und Kirche

Im Verlauf dieses Kongresses wurde immer wieder die Frage nach den Voraussetzungen gestellt, die sowohl bei den Industrieländern als auch bei den Entwicklungsländern vorhanden sein müssen, um das Werk der Entwicklung voranzubringen. Dabei wurde immer deutlicher neben einer Reihe anderer Faktoren auf die Bedeutung der Bewußtseinsbildung und der Motivation hingewiesen. Ohne diese Bewußtseinsbildung und ohne eine glaubwürdige Motivation werden die Industrieländer nie zu jener „Neuordnung der Grundstrukturen" bereit sein, die Laborem exercens verlangt und von der wir noch ziemlich weit entfernt sind. Sie werden auf Dauer in Resignation verfallen, weil ihr Beitrag nicht jenen Erfolg gebracht hat, den sie erwarteten. Ohne diese Bewußtseinsbildung und ständige Motivation werden auch die Entwicklungsländer nicht zu jenen Initiativen greifen, die notwendig sind, um das Werk der Selbsthilfe voll zu mobilisieren und vor den ungeheuren Schwierigkeiten nicht zu kapitulieren.

Niemand verfügt heute über ein Monopol der Bewußtseinsbildung und der Motivation. Sie müssen aus vielen Quellen gespeist werden. Sie müssen, sozusagen, „im Verbund" vermittelt werden. Über eines besteht nach Laborem exercens kein Zweifel, nämlich darüber, daß hier der Religion und den Kirchen eine große Aufgabe zukommt. Laborem exercens formuliert diese Aufgabe in dreifacher Richtung: Die Kirche hat die Aufgabe, gelegen und ungelegen, das sittliche Leitbild zu verkünden, das jeder Entwicklung der Völker zugrunde gelegt werden muß. Dazu gehört ganz entscheidend ihre Sicht vom Menschen und die Verpflichtung der Gerechtigkeit. Die Kirche hat zweitens die Pflicht, Situationen kritisch aufzuzeigen, in denen die Würde des Menschen und die Gerechtigkeit verletzt werden, und auch das gelegen oder ungelegen. Schließlich hat die Kirche die Pflicht, durch ihr eigenes Tun, vor allem durch die Laien, ein

Zeugnis davon abzulegen, daß ihre gesellschaftliche Verantwortung sich nicht in bloßen Worten erschöpft, sondern im glaubwürdigen Handeln ausweist.

Es gab eine Zeit, und sie liegt gar nicht so weit zurück, in der sich Kirche und Gesellschaft auseinander zu entwickeln drohten. Diese Gefahr ist noch lange nicht vorbei. Das war nicht gut für die Kirche, und es war nicht gut für die Gesellschaft. Es war vor allem nicht gut für die Entwicklung der Völker. Es gibt hoffnungsvolle Zeichen einer neuen Begegnung. Die Menschheit ringt sich in einem mühsamen und leidvollen Prozeß zur Überzeugung durch, daß ein menschenwürdiges Leben und Überleben nur in einer Ökumene aller wirtschaftlichen, gesellschaftlichen, politischen und geistigen Kräfte gelingen kann. Der Dialog dieser Kräfte darf nie verharmlost werden. Die Verschiedenheiten sind da und müssen ausgesprochen werden. Das hat man auch auf diesem Kongreß getan. Die verschiedenen Partner haben die Punkte des Dissenses in aller Deutlichkeit ausgesprochen. Aber tief dahinter war die Stimme des Konsenses unüberhörbar. Des Konsenses nämlich der Verantwortung für die Entwicklung der Völker. Das berechtigt zu viel Zuversicht und Hoffnung.

Kirche/Wirtschaft-Symposion 1985 in Rom

Teilnehmerverzeichnis

S. E. Bernard **Agre**, Man/Elfenbeinküste
- Erzbischof von Man

Prof. Dr. José L. **Aleman**, Santiago de los Caballeros/ Dominikanische Republik
- Dekan der Wirtschaftswissenschaftlichen Fakultät der Katholischen Universität Madre y Maestra

Gerd **Allers**, Wiesbaden/Deutschland
- Arbeitgeberverband Nordwestdeutscher Zement- und Kalkwerke e. V.

Frau **Allers**, Wiesbaden/Deutschland

Dr. Hans Jürgen **Amelung**, Düsseldorf/Deutschland
- Vorstandsmitglied der Industriekreditbank AG – Deutsche Industriebank

Prof. Dr. Dr. Clemens-August **Andreae**, Innsbruck/Österreich
- Professor für Politische Ökonomie an der Universität Innsbruck

Dr. Jürgen **Aretz**, Bonn/Deutschland
- Zentralstelle Weltkirche der Deutschen Bischofskonferenz

Prof. Antonio **Argandona**, Barcelona/Spanien
- Professor of Economics – University of Barcelona

Prof. José Ernesto **Azzolin Pasquotto**, Porto Alegre/Brasilien
- Pontificia Universidade Católica do Rio Grande do Sul

William **Baez Sacasa**, Managua/Nicaragua
- Director Ejecutivo Fundación Nicaraguense de Desarrollo

Dr. Jean **Bacher**, Winterthur/Schweiz
- Personaldirektor der Gebrüder Sulzer AG

Prof. Dr. Bela **Balassa,** Baltimore/USA
- Professor für Nationalökonomie an der Johns-Hopkins-Universität und Berater der Weltbank

OKR Dr. Hermann **Barth,** Hannover/Deutschland
- Oberkirchenrat beim Kirchenamt der Evangelischen Kirche in Deutschland

Klaus **Baumann,** Mannheim/Deutschland
- Personalleiter der Süddeutsche Zucker-AG

Prof. Dr. Adriano **Bausola,** Mailand–Rom/Italien
- Rector magnificus der Katholischen Universität vom Heiligen Herzen

Dr. Dieter W. **Benecke,** St. Augustin/Deutschland
- Leiter der Grundsatzabteilung des Internationalen Instituts der Konrad-Adenauer-Stiftung

Dr. Martin **Bernhofer,** Wien/Österreich
- Freier Journalist, ORF

Msgr. Prof. Dr. Franco **Biffi,** Rom/Italien
- Direktor der Internationalen Forschungsvereinigung Katholischer Universitäten

Dr. Norbert **Blüm,** Bonn/Deutschland
- Bundesminister für Arbeit und Sozialordnung

Hans-Joachim **Böttcher,** Buxtehude/Deutschland
- Geschäftsführer der Claudius Peter-Este GmbH

Ilse **Böttcher,** Buxtehude/Deutschland

Prof. Dr.-Ing. Klaus **Borchard,** Bonn/Deutschland
- Ordinarius und Direktor des Instituts für Städtebau, Siedlungswesen und Kulturtechnik der Universität Bonn

Ulrike **Borchard,** Königswinter/Deutschland

Elmar **Bordfeld,** Vatikanstadt
- Chefredakteur des L'Osservatore Romano

Erhard **Bouillon,** Frankfurt/Deutschland
- Vorstandsmitglied der Hoechst AG

Hans-Josef **Breidbach,** Köln/Deutschland
- Stellvertretender Direktor und Geschäftsführer des Instituts der deutschen Wirtschaft

Vera **Breidbach,** Odenthal/Deutschland

Walter **Buchs,** Freiburg/Schweiz
- Interkonfessionelle Informationsstelle
  „Glaube & Wirtschaft"

Thomas **Burge,** Luzern/Schweiz
- Fastenopfer der Schweizer Katholiken

Prof. Dr. Rocco **Buttiglione,** Rom/Italien
- Universität Rom / Urbino Comunione Liberazione Movimente Popolare

Dr. Robert **Bzoch,** Wien/Österreich
- Generalsekretär-Stellvertreter des Österreichischen Raiffeisenverbandes
  Geschäftsführer des Fachverbandes der Kreditgenossenschaften nach dem System Raiffeisen

Prof. Roque **Cabral,** SJ, Braga Codex/Portugal
- Professor für Aciologie und Ethik an der Philosophischen Fakultät der Katholischen Universität von Portugal

Lic. Francisco R. **Calderon,** Mexico D. F./Mexico
- Director General del Consejo
  Coordinator Empresarial

Frau **Calderon,** Mexico D. F./Mexico

Dr. Helmuth **Cammann,** Köln/Deutschland
- Hauptgeschäftsführer des Bundesverbandes deutscher Banken

Agustin **Canessa,** Montevideo/Uruguay
- Presidencia de la República Oficina de Planeamiento y Presupuesto

Bernard **Casal,** Vevey/Schweiz
- Direktor Nestlé S. A.

S. Em. Agostino Cardinal **Casaroli,** Vatikanstadt-Rom
- Staatssekretär

Guido **Casetti,** Bern/Schweiz
- Präsident des Christlichnationalen Gewerkschaftsbundes der Schweiz

S. S. **Chakraborty,** Parganas/West-Bengalen/Indien
- Director Ramakrishna Mission

Prof. Dr. Dr. Pietro **Chiocchetta,** Vatikanstadt-Rom
- Rector magnificus der Päpstlichen Universität Urbaniana

Ernest T. C. **Chiweshe,** Harare/Zimbabwe
- President of the Zimbabwe National Chamber of Commerce

Guillermo **Cid Luna,** Madrid/Spanien
- Instituto de Estudios Economicos

Prof. Dr. Soon **Cho,** PH. D., Seoul/Korea
- Professor für Ökonomie an der Nationaluniversität von Seoul

Dr. Josef **Clemens,** Vatikanstadt
- Sekretär des Präfekten der Römischen Glaubenskongregation

Pablo **Colino,** Vatikanstadt

Dr. Enrique **Colom Costa,** Rom/Italien
- Centro Accademico Romano della Santa Croce

S. E. Dr. Paul Josef **Cordes,** Vatikanstadt
- Vizepräsident des Päpstlichen Rates für die Laien

Dr. Werner **Cordes,** Hagen/Deutschland
- Vorstandsmitglied des Bundes Katholischer Unternehmer Köln

Roswitha **Cordes**, Hagen/Deutschland

Daniel Merritt **Coughlan**, Saint Paule/Minnesota/USA
- Briggs and Morgan

Harald **Dethlefsen**, Hamburg/Deutschland
- Hauptgeschäftsführer des Arbeitgeberverbandes der Metallindustrie Hamburg–Schleswig-Holstein

Lydia **Dethlefsen**, Hamburg/Deutschland

Prof. Dr. Juergen B. **Donges**, Kiel/Deutschland
- Vizepräsident des Instituts für Weltwirtschaft an der Universität Kiel, Wissenschaftlicher Berater des Instituto de Estudios Económicos, Madrid

Maria-Cruz **Gutierrez-Donges**, Kiel/Deutschland

Richard **Dohse**, Bielefeld/Deutschland
- Präsident des Hauptverbandes der Papier, Pappe und Kunststoffe verarbeitenden Industrie

Gertrud **Dohse**, Bielefeld/Deutschland

Mag. Christian **Domany**, Wien/Österreich
- Abteilungsleiter der Vereinigung Österreichischer Industrieller

Mag. Karin **Domany**, Wien/Österreich
- Professor für römisch-katholische Religion an Allgemeinbildenden Höheren Schulen

S. E. Dr. Johannes **Dyba**, Fulda/Deutschland
- Erzbischof von Fulda

Ludwig **Eberhardt,** Pfungstadt/Deutschland
- Mitinhaber und Geschäftsführer der H. Hassenzahl Sohn GmbH & Co. KG

Prof. Oscar A. **Echeverria**, Caracas/Venezuela
- Universidad Católica „Andres Bello"

Frau **Echeverria**, Caracas/Venezuela

Dr. Maximilian **Eiselsberg,** Wien/Österreich
- Rechtsanwalt

Huberta **Eiselsberg,** Wien/Österreich

Dr. Jürgen **Em,** Köln/Deutschland
- Geschäftsführer des Arbeitskreises Kirche/Wirtschaft der Bundesvereinigung der Deutschen Arbeitgeberverbände

Susi **Eppenberger,** Nesslau/Schweiz
- Nationalrat

Bernhard **Erben,** Köln/Deutschland
- Direktor a. D. der Industrie- und Handelskammer zu Köln

Anny **Erben,** Köln/Deutschland

Otto **Esser,** Köln/Deutschland
- Präsident der Bundesvereinigung der Deutschen Arbeitgeberverbände

S. Em. Roger Cardinal **Etchegaray,** Vatikanstadt
- Vorsitzender der Päpstlichen Kommission „Iustitia et Pax", Vorsitzender des Päpstlichen Rates „Cor Unum"

Prof. Juan José **Ezama,** Buenos Aires/Argentinien
- Universidad del Salvador

Prof. Dr. Michel **Falise,** Lille/Frankreich
- Präsident der Internationalen Vereinigung Katholischer Universitäten

Dr. Alfred **Faschingeder,** Wien/Österreich
- Redakteur, ORF

Dr. Hubert **Feichtlbauer,** Wien/Österreich
- Leiter der Presseabteilung der Bundeswirtschaftskammer
  Vorsitzender des Verbandes Katholischer Publizisten Österreichs
  Mitglied des Vorstandes des Österreichischen Laienrates

Prof. Dr. Gerhard **Fels,** Köln/Deutschland
- Mitglied des Präsidiums und Direktor des Instituts der deutschen Wirtschaft

Waltraut **Fels,** Bergisch Gladbach, Deutschland

Cornelius G. **Fetsch,** Köln/Deutschland
- Vorsitzender des Bundes Katholischer Unternehmer

Barbara **Fetsch,** Düsseldorf/Deutschland

Dr. Marcos Gianetti da **Fonseca,** São Paulo/Brasilien
- Finanzminister des Staates São Paulo

A. do Prado Pimental **Franco,** Rio de Janeiro/Brasilien
- Präsident des Brasilianischen Arbeitgeberverbandes

Wolfgang **Frickhöffer,** Heidelberg/Deutschland
- Vorsitzender der Aktionsgemeinschaft Soziale Marktwirtschaft

Mercedes **Frielingsdorf,** Madrid/Spanien
- Instituto de Estudios Economicos

Dr. Erwin **Fröhlich,** Wien/Österreich
- Wirtschaftsforscher am Institut für Gewerbeforschung

Dr. Friedrich **Fröhlichstal,** Rom/Italien
- Botschafter der Republik Österreich

Dr. Peter **Frohn,** Krefeld/Deutschland
- Hauptgeschäftsführer der Unternehmerschaft Niederrhein

Sigrid **Frohn,** Krefeld/Deutschland

Gerhard **Fuchs,** Wiesbaden/Deutschland
- Direktor der Rabanus Maurus Akademie

Dr. Gerhard **Fuchshuber,** Linz/Österreich

Hector E. Luigi **Garcia,** Bogotá/Kolumbien
- Fédération Internationale des Universités Catholiques

Frau Renate **Gebetsberger,** Wien/Österreich
- Leiterin des Arbeitsbereiches Wirtschaft und Medien in der Österreichischen Volkswirtschaftlichen Gesellschaft

Monika **Gerhards,** Köln/Deutschland

Dr. Johannes **Giessrigl,** Wien/Österreich
- Mitglied des Vorstandes der Leipnik-Lundenburger-Industrie AG
Vizepräsident der Österreichischen Volkswirtschaftlichen Gesellschaft
Stellvertretender Vorsitzender des Vikariatsrates des Vikariats Wien-Süd (Erzdiözese Wien)
Vizepräsident des Verbandes Christlicher Unternehmer Österreichs

Dr. Friedrich **Gleissner,** Wien/Österreich
- Leiter der Abteilung für Handelspolitik und Außenhandel der Bundeswirtschaftskammer
Mitglied der Kommission Justitia et Pax der Erzdiözese Wien

Frau Elisabeth **Gleissner,** Wien/Österreich

Dr. Hans-Karl **Glinz,** Velbert/Deutschland
- Geschäftsführer der Schmidt, Kranz & Co GmbH

Ruth **Glinz,** Velbert/Deutschland

Max **Gloor,** Zürich/Schweiz
- Präsident Swisscontact

Prof. Dr. Francis **Gnanapragasam** SJ, Madras/Indien
- Rektor des Loyola-College

Uwe **Göbel,** Köln/Deutschland
- Stellvertretender Leiter der Hauptabteilung Bildung und Gesellschaftswissenschaften des Instituts der deutschen Wirtschaft

Prof. Dr. Enrique **Gomez Hurtado,** Bogotá/Kolumbien
- Profesor de Economía Pontificia Universidad Javeriana

Lic. Jesús **Gonzales-Schmal,** Mexico-City/Mexico
- Assessor und Dipl.-Betriebswirt, Experte für industrielle Beziehungen

Karl-Heinz **Gorges,** Trier/Deutschland
- Geschäftsführer der Bau-Gorges KG

Lewis **Grams,** Minneapolis/Minnesota/USA
- Christians in Commerce International

Xolile P. **Guma,** Kwaluseni/Swaziland/Südafrika
- Head of the Department of Economics
University of Swaziland

Pierre **Gygi,** Bern/Deutschland
- Sekretär der parlamentarischen „Gruppe Schweiz – Dritte Welt"

A. J. Dux **Halubobya,** Lusaka/Zambia
- General Manager Credit Union and Savings Association of Zambia

Prof. Dr. Thomas Hongson **Han,** Seoul/Korea
- Dekan des College für Ökonomie und Handel der Hankuk Universität für Auslandsstudien

Mag. Peter **Härtel,** Graz/Österreich
- Geschäftsführer der Steirischen Volkswirtschaftlichen Gesellschaft

Dr. Franz **Harnoncourt-Unverzagt,** Graz/Österreich
- Präsident der Mitgliedervertretung und des Aufsichtsrates der Grazer Wechselseitigen Versicherungsgesellschaft
Mitglied des Vorstandes des Landesverbandes katholischer Elternvereine in der Steiermark
Delegat der Steirischen Delegation des Souveränen Malteser-Ritter-Ordens, Großpriorat Österreich

Dr. Bruno **Heck,** St. Augustin/Deutschland
- Bundesminister a. D., Vorsitzender der Konrad-Adenauer-Stiftung

Herfried **Heisler,** Stuttgart/Deutschland
- Hauptgeschäftsführer des Verbandes der Metallindustrie Baden-Württemberg

Prof. Dr. Hans-Rimbert **Hemmer,** Gießen/Deutschland
- Mitglied der wissenschaftlichen Arbeitsgruppe der Unterkommission für wissenschaftliche Aufgaben im weltkirchlichen Bereich der Deutschen Bischofskonferenz

Augustinus Heinrich **Henckel-Donnersmarck,** Essen/Deutschland
- Leiter der Katholischen Arbeitsstelle Rhein-Ruhr

Pater Gregor Ulrich **Henckel-Donnersmarck,** Heiligenkreuz/Österreich
- Hochschule Heiligenkreuz

Prof. Dr. Philipp **Herder-Dorneich,** Köln/Deutschland
- Direktor des Forschungsinstituts für Einkommenspolitik und Soziale Sicherung an der Universität zu Köln

Verena **Herder-Dorneich,** Köln/Deutschland

Botschafter Dr. Peter **Hermes,** Rom/Italien
- Botschafter der Bundesrepublik Deutschland beim Heiligen Stuhl

Peter **Hertel,** Hannover/Deutschland
- Redaktion Religion und Gesellschaft des Norddeutschen Rundfunks

Markus **Herzig,** Flaach/Schweiz
- Zentralpräsident Aktion „Kirche wohin?"

ObstdG Friedrich **Hessel,** Wien/Österreich
- Oberst des Generalstabs
  Leiter der Ausbildungs- und Vorschriftenabteilung im Bundesministerium für Landesverteidigung

Dr. Rainer **Hildmann,** München/Deutschland

Hannelore **Hildmann,** München/Deutschland

Dr. Fritz-Heinz **Himmelreich,** Köln/Deutschland
- Stellvertretender Hauptgeschäftsführer der Bundesvereinigung der Deutschen Arbeitgeberverbände

Ruth **Himmelreich,** Köln/Deutschland

S. Em. Joseph Cardinal **Höffner,** Köln/Deutschland
- Erzbischof von Köln, Vorsitzender der Deutschen Bischofskonferenz

Dr. Paul **Hoffacker** MdB, Bonn/Deutschland
- Zentralvorsitzender des Kolpingwerkes

Prof. Dr. Martin **Honecker,** Bonn/Deutschland
- Ordinarius für Systematische Theologie und Sozialethik an der Evangelisch-Theologischen Fakultät der Universität Bonn

Mag. Rainer **Holzinger,** Linz/Österreich
- Geschäftsführer der Oberösterreichischen Volkswirtschaftlichen Gesellschaft
  Lehrbeauftragter am Pädagogischen Institut für Volkswirtschaft

Dr. Francisco **Ivern,** SJ, Rio de Janeiro/Brasilien
- Director doe Centro Joao XXIII de Investigacao e Acáo Social

Dr. Fritz **Jausz,** Klagenfurt/Österreich
- Leiter der wirtschaftspolitischen Abteilung der Handelskammer Kärnten
  Geschäftsführer der Kärntner Volkswirtschaftlichen Gesellschaft
  Mitglied des Sparkassenrates der Kärntner Sparkasse

Dr. Wolfgang **Jilly,** Rom/Italien
- Gesandter an der Österreichischen Botschaft, Rom

Konsul Dr. Otto **Kaspar,** Innsbruck/Österreich
- Mitglied des Vorstandes der Bank für Tirol und Vorarlberg
Vizepräsident der Österreichischen Volkswirtschaftlichen Gesellschaft
Vorsitzender des Verbandes Christlicher Unternehmer Tirols
Mitglied des Diözesankirchenrates Innsbruck

Christine **Kaspar,** Innsbruck/Österreich

Sergio Raymond **Kedilhac,** Mexico, D. F./Mexico
- Grupo Industrial Bimbo

Bischof Hans von **Keler,** Stuttgart/Deutschland
- Bischof der Evangelischen Landeskirche in Württemberg

Prof. Dr. Heinz J. **Kiefer,** Essen/Deutschland
- Vorstandsvorsitzender und wissenschaftlicher Beirat des Ruhrinstituts für gesellschaftspolitische Forschung und Bildung

Günter **Kill,** Köln/Deutschland
- Direktor der Pax-Bank eG

Prof. Dr. Wan-Soon **Kim,** PhD, Seoul/Korea
- College of Business Administration Korea University

Dr. Dieter **Kirchner,** Köln/Deutschland
- Hauptgeschäftsführer des Gesamtverbandes der metallindustriellen Arbeitgeberverbände

Cordula **Kirchner,** Köln/Deutschland

Commerzialrat Dr. Hellmuth **Klauhs,** Wien/Österreich
- Generaldirektor der genossenschaftlichen Zentralbank und Generalanwalt des österreichischen Raiffeisenverbandes

Dr. Andreas **Kleffel,** Düsseldorf/Deutschland
- ehem. Vorstandsmitglied der Deutsche Bank AG

Liselotte **Kleffel,** Düsseldorf/Deutschland

S. E. Bonaventura **Kloppenburg,** Salvador/El Salvador
- Weihbischof in Salvador da Bahia

Prof. DDDr. Alfred **Klose,** Wien/Österreich
- Rechtskonsulent der Bundeswirtschaftskammer
  Präsident der Wiener Katholischen Aktion

Dr. Richard K. **Koech,** Nairobi/Kenia
- Direktor des Rift Valley-Instituts für Wissenschaft und Technologie

Rudolf Paul **Koletzko,** Rom/Italien

S. E. Dr. Elmar Maria **Kredel,** Bamberg/Deutschland
- Erzbischof von Bamberg

N. **Krishnan,** Petaling Jaya/Malaysia
- Executive Director, Research
  National Union of Plantage Workers

Dr. Heinrich **Kürpick,** Paderborn/Deutschland
- Vorstandsmitglied und Arbeitsdirektor der Benteler-Werke AG

Ingrid **Kürpick,** Paderborn/Deutschland

Klaus **Kunkel,** Köln/Deutschland
- Institut der deutschen Wirtschaft
  informedia verlags-gmbH

Hildegard **Kunkel,** Köln/Deutschland

Bischof Hermann **Kunst,** Bonn/Deutschland
- Bischof der Evangelischen Kirche in Deutschland

Werner **Kuster,** Zürich/Schweiz
- Schweizerischer Gesprächskreis Kirche – Wirtschaft

Prof. Dr. Thomas **Langan,** Toronto/Canada
- Professor für Philosophie an der Universität Toronto

Prälat Gerhard **Lange,** Berlin/Deutsche Demokratische Republik
- Beobachter der Berliner Bischofskonferenz

Prof. Carlos Geraldo **Langoni,** Rio de Janeiro/Brasilien
- Stiftung Getúlio Vargas

Dr. José Antonio **Lanusse Storni,** Quito/Ekuador
- Presidente del Instituto de Estudios
  Socio-Económicos y Tecnologías

Helmut **Lassalle,** Köln/Deutschland
- Direktor der informedia verlags-gmbH

Dr. Klaus **Lefringhausen,** Bonn/Deutschland
- Geschäftsführer der Evangelischen Geschäftsstelle für das Programm der Kirchen: Entwicklung als internationale soziale Frage

Mag. Dr. Heribert **Lehenhofer,** Wien/Österreich
- Professor und Stellvertretender Direktor der Religionspädagogischen Akademie der Erzdiözese Wien
  Erzbischöflicher Geistlicher Rat

Dr. Manfred **Lennings,** Köln/Deutschland
- Präsident des Instituts der deutschen Wirtschaft

Frauke **Lill-Roemer,** Köln/Deutschland
- Geschäftsführerin und Cheflektorin des Deutschen Instituts-Verlags

Jürgen **Liminski,** Bonn/Deutschland
- Redakteur DIE WELT

Martina **Liminski,** St. Augustin/Deutschland

Prof. Willy **Linder,** Zürich/Schweiz
- Professor an der Universität Zürich
  Redakteur Neue Zürcher Zeitung

Dr. Heyko **Linnemann,** Hannover/Deutschland
- Direktor der Deutsche Bank AG – Filiale Hannover

S. E. Dr. Rodrigo **Lloreda Caicedo,** Washington D. C./USA
- Embajador de Colombia

Frau **Lloreda,** Washington D. C./USA

Prof. Dr. Konrad **Löw,** Bayreuth/Deutschland
- Ordinarius für Politikwissenschaft an der Universität Bayreuth, Professor der Hochschule für Politik, München

Alois K. Erbprinz zu **Löwenstein,** Frankfurt/Deutschland
- Geschäftsführer der Bank in Liechtenstein (Frankfurt) GmbH

Dr. Hans-Joachim **Lohmann,** Emmerthal/Deutschland
- Geschäftsführender Gesellschafter der Dr. Paul Lohmann GmbH KG, Ausschuß für Bildungspolitik und Bildungsarbeit Arbeitsausschuß Kirche/Wirtschaft der Bundesvereinigung der Deutschen Arbeitgeberverbände

Dr. Ernst-Gideon **Loudon,** Wien/Österreich
- Mitglied des Vorstandes der Kurier Zeitungsverlag und Druckerei AG
 Mitglied des Vorstandes der Vereinigung Österreichischer Industrieller

Andrea Maria **Loudon,** Wien/Österreich

Matthias **Lückertz,** Münster/Deutschland

Paul **Lückertz,** Münster/Deutschland

Anton Graf **Magnis,** Frankfurt/Deutschland
- Geschäftsführer der Vereinigung Hessischer Unternehmerverbände

Monika Gräfin **Magnis,** Frankfurt/Deutschland

Divisionär Karl **Majcen,** Korneuburg/Österreich
- Präsident Arbeitsgemeinschaft katholischer Soldaten Österreichs
 Präsident des Apostolat Militaire International

Msgr. Luis **Manresa Formosa,** Guatemala-Ciudad/Guatemala
- Rector Universidad Rafael Landívar

Prof. Guido **Mantega,** São Paulo/Brasilien
- Vice-Reitor Administrativo Adjunto
 Pontificia Universidade Católica de São Paulo

Prof. Dr. Jorge **Mata Murillo**, S. J., Mexico D. F./Mexico
- Facultad de Economía Universidad Iberoamericana

Ekkehard **Maurer,** München/Deutschland
- Sprecher der Informationszentrale der Bayerischen Wirtschaft
  Vizepräsident des Goethe-Instituts

Msgr. Manfred **Melzer,** Köln/Deutschland
- Erzbischöflicher Sekretär des Erzbistums Köln

Prof. Dr. Ramon **Mendez** OP, Manila/Philippinen
- Professor für Wirtschafts- und Entwicklungsfragen an der Universität von Santo Tomas

Prof. Dr. Gabino A. **Mendoza,** Manila/Philippinen
- Präsident des Asiatischen Management-Instituts

Gerhard **Merckens,** Schwertberg/Österreich
- Mitglied des Vorstandes der Vereinigung Österreichischer Industrieller, Landesgruppe Oberösterreich
  Vorsitzender der Unternehmerkontaktgruppe Oberösterreich

Mag. Barbara **Merckens,** Schwertberg/Österreich
- Pfarrgemeinderat der Pfarre Schwertberg

Josef **Mertes,** Brüssel/Belgien
- Generalsekretär der UNIAPAC

Hans Peter **Merz,** Eschborn/Deutschland
- Geschäftsführer der Gesellschaft für Technische Zusammenarbeit (GTZ)

Dr. Johann **Millendorfer,** Laxenburg/Österreich
- Wissenschaftlicher Leiter der Studiengruppe für Internationale Analysen

Dr. Hans Peter **Ming,** Zumikon/Schweiz
- Delegierter des Verwaltungsrates Sika AG

Frau **Ming,** Zumikon/Schweiz

Hugo **Mohr,** Köln/Deutschland
- Chefredakteur „aktiv"

Dr. Eduardo **Molina Olivares,** San Salvador/El Salvador
- Director del Instituto Salvadoreno de Daministración Municipal

R. **Mondejar,** Manila/Philippinen
- Vizepräsident of the Center for Research and Communications

John **Mooney,** Minneapolis/Minnesota/Usa
- Vice President of Christians in Commerce International

Carlos Maria **Moyano Llerena,** Buenos Aires/Argentinien
- Pontificia Universidad Católica Argentina

Dr. Antonio **Morales Ehrlich,** San Salvador/El Salvador
- Generalsekretär der christlich-demokratischen Partei von El Salvador

Prof. Dr. Rafael **Moreno,** Rom/Italien
- Direktor für ländliche Entwicklung bei der FAO, Professor für ländliche Entwicklung an der Päpstlichen Universität Gregoriana

Roberto **Mosca,** Rom/Italien

Wolf **Moser,** München/Deutschland
- Hauptgeschäftsführer der Vereinigung der Arbeitgeberverbände in Bayern

Herta **Moser,** Pullach/Deutschland

Friedrich **Müller,** Erlangen/Deutschland
- Direktor der Siemens AG Erlangen

Anne Marie **Müller,** Erlangen/Deutschland

Dr. Gerhard **Müller,** Lübeck/Deutschland
- Vorsitzender des Arbeitgeberverbandes der Metallindustrie Hamburg-Schleswig-Holstein

Gisela **Müller**, Bad Schwartau/Deutschland

Heinz **Müller**, Rheda/Deutschland
- Bundesvorstandsvorsitzender des Bundesverbandes der Katholiken in Wirtschaft und Verwaltung

Dr. Wolfgang **Munde**, Frankfurt/Deutschland
- Verband der Chemischen Industrie

Dr. Rolf **Murmann**, Kiel/Deutschland
- Vorstandsvorsitzender der Sauer Getriebe AG

Msgr. William **Murphy**, Vatikanstadt
- Untersekretär der Päpstlichen Kommission Iustitia et Pax

Karwera Spérancie **Mutwe**, Kigali/Rwanda
- Directeur de la Documentation et Propagande è la Présidence du Mouvement Révolutionnaire National pur le Développement (MRND)

Dr. Karl-Heinz **Narjes**, Brüssel/Belgien
- Vizepräsident der Kommission der Europäischen Gemeinschaften

Prof. Dr. Urbano **Navarrete** SJ, Rom/Italien
- Rector magnificus der Päpstlichen Universität Gregoriana

Dipl.-Vw. Tyll **Necker**, Bad Oldesloe/Deutschland
- Vizepräsident des Bundesverbandes der Deutschen Industrie, Vizepräsident des Instituts der deutschen Wirtschaft

Prälat Wilhelm **Neuwirth**, St. Florian/Österreich
- Propst des Stiftes St. Florian

Catherine M. **Nyamato**, Nairobi/Kenya
- National Committee Member and Treasurer of Maendeleo ya Wanawake

S. Em. Miguel Cardinal **Obando Bravo** S. D. B., Managua/Nicaragua
- Erzbischof von Managua

Prof. Dr. R. S. **Odingo,** Nairobi/Kenya
- University of Nairobi
  Dean of Faculty of Arts

Dr. Arend **Oetker,** Bad Schwartau/Deutschland
- Vorsitzender des Vorstandes der Bundesvereinigung der Deutschen Ernährungsindustrie e. V. und der Arbeitgebervereinigung Nahrung und Genuß e. V.

Claudia **Oetker,** Hamburg/Deutschland

Dra. Teresa **Ortuno Gurza,** Mexico D. F./Mexico
- Profesora de Economica
  Instituto Universitario de Ciencias de Educación

Hans **Ott,** Bern/Schweiz
- Zentralsekretär „Brot für Brüder"

Dr. Karl **Pale,** Wien/Österreich
- Generaldirektor und Vorsitzender des Vorstandes der Girozentrale und Bank der österreichischen Sparkassen AG.
  Mitglied des Vorstandes der Vereinigung Österreichischer Industrieller
  Präsident der Börsenkammer

Gottfried **Pengg,** Thörl/Österreich
- Sektionsobmann der Sektion Industrie der Handelkammer Steiermark
  Vizepräsident der Vereinigung Österreichischer Industrieller, Landesgruppe Steiermark

Prof. Dr. Enrique **Perez-Olivares,** Caracas/Venezuela
- Stellvertretender Vorsitzender der COPEI

Prof. Dr. Carlo **Pietrangeli,** Vatikanstadt
- Generaldirektor der vatikanischen Museen

Prof. Dr. Giuseppe **Pittáu** SJ, Rom/Italien
- Generalassistent der Gesellschaft Jesu, ehemaliger Präsident der Sophia-Universität, Tokio

Prof. Juan A. **Perez Lopez,** Barcelona/Spanien
- Instituto de Estudios Superiores de la Empresa, Universidad de Navarra

Prof. Santos **Perez Martin,** Madrid/Spanien
- Universidad Pontificia Comillas

Ernst **Plesser,** Königstein/Deutschland
- Generalbevollmächtigter a. D. der Deutsche Bank Frankfurt Mitglied des Beirats des Instituts der deutschen Wirtschaft

Irene **Priddy,** Accra/Ghana
- Direktor der Christlichen Müttervereinigung

P. Benjamino **Puthuta,** Madras/Indien
- Administrator, Salesianer

S. Em. Joseph Cardinal **Ratzinger,** Vatikanstadt
- Präfekt der Kongregation für die Glaubenslehre

Prof. Dr. Anton **Rauscher** SJ, Augsburg/Deutschland
- Ordinarius für christliche Gesellschaftslehre an der Universität Augsburg, Direktor der Katholischen Sozialwissenschaftlichen Zentralstelle Mönchengladbach

Msgr. Helmut **Reckter,** SJ, Chinhoyi/Zimbabwe
- Prefect Apostolic of Chinhoyi

Klaus **Richter,** Bonn/Deutschland
- Präsident des Bundesverbandes des Deutschen Groß- und Außenhandels

Prof. Dr. Alois **Riklin,** St. Gallen/Schweiz
- Rektor der Hochschule St. Gallen

Konsul Dr. Hansjörg **Rigele,** Linz/Österreich
- Generaldirektor i. R.
  Ehrenpräsident des Hauptverbandes der Österreichischen Sparkassen
  Vorsitzender des Evangelischen Diakoniewerkes Gallneukirchen, Oberösterreich

Liselotte **Rigele,** Linz/Österreich

S. E. Arturo **Rivera Damas,** San Salvador/El Saldavor
- Erzbischof von San Salvador

Dr. Ricardo **Rodriquez Silverio,** Asunción/Paraguay
- Universidad Católica „Nuestra Senore de la Asunción"

Frau **Rodriquez Silverio,** Asunción/Paraguay

Eric **Roethlisberger,** Bern/Schweiz
- Delegierter für Handelsverträge
  Bundesamt für Außenwirtschaft

S. E. Karl Josef **Romer,** Rio de Janeiro/Brasilien
- Weihbischof in Rio de Janeiro

Prof. Dr. Lothar **Roos,** Bonn/Deutschland
- Ordinarius für christliche Gesellschaftslehre an der Universität Bonn

Carl Heinz **Rose,** Oelde/Deutschland
- Geschäftsführer der Bernhard Rose GmbH + Co KG

Inge **Rose,** Oelde/Deutschland

Dr. Gerhard **Rüschen,** Frankfurt/Deutschland
- Mitglied des Aufsichtsrates, des Präsidiums und des Vermittlungsausschusses Nestlé-Gruppe Deutschland

Marianne **Rüschen,** Bad Soden/Deutschland

Prof. Dra. Maria Berenice **Ruiz,** Panamá/Panamá
- Universidad Santa Maria la Antigua

Dr. Klemens van de **Sand,** Bonn/Deutschland
- Leiter des Ministerbüros des Bundesministeriums für wirtschaftliche Zusammenarbeit

Dr. Roberto B. **Saladin** S., Santo Domingo/Dominikanische Republik
- Asesor Económico de la Federación de Exportadores

S. Em. Eugenio Cardinal de Araújo **Sales,** Rio de Janeiro/
Brasilien
- Erzbischof von Rio de Janeiro

Juan B. **Santos,** Bangkok/Thailand
- Nestlé (Thailand) Ltd.

Milagros Lejano **Santos,** Bangkok/Thailand

Dr. Wolfgang **Sauer,** São Paulo/Brasilien
- Vorsitzender des Vorstandes der Volkswagen do Brasil S. A.

Prof. Dr. Hermann **Sautter,** Frankfurt/Deutschland
- Professor für Volkswirtschaftslehre – insbesondere Außenwirtschaft und Ökonomie der Entwicklungsländer

Prälat Wilhelm **Schätzler,** Bonn/Deutschland
- Sekretär der Deutschen Bischofskonferenz

Prof. Dr. Johann **Schasching** SJ, Rom/Italien
- Dekan der Sozialwissenschaftlichen Fakultät der Päpstlichen Universität Gregoriana

Prof. Dr. Walter **Scheerbarth,** Düsseldorf/Deutschland
- Leitender Ministerialrat, Staatskanzlei Düsseldorf

Prof. Dr. Otto **Schiele,** Frankfurt/Deutschland
- Präsident des Verbandes Deutscher Maschinen- und Anlagenbau (VDMA)

Prof. David L. **Schindler,** Notre Dame/Indiana/USA
- The University of Notre Dame

Dr. Winfried **Schlaffke,** Köln/Deutschland
- Geschäftsführer und Leiter der Hauptabteilung Bildung und Gesellschaftswissenschaften des Instituts der deutschen Wirtschaft

Dr. Wolfgang **Schmitz,** Wien/Österreich
- Finanzminister a. D., Präsident a. D. der Österreichischen Nationalbank

Prof. Dr. Martin **Schmölz**, Salzburg/Österreich
- Professor an der Universität Salzburg
  Institutsvorstand des Instituts für Christliche Gesellschaftslehre

Edmund **Schmidl**, Hamburg/Deutschland
- Stellvertretender Sprecher des Vorstandes der Unternehmen Deutscher Ring

Frau **Schmidl**, Hamburg/Deutschland

Klaus **Schneider**, Essen/Deutschland
- Leiter des Referats Kommunikation im Rheinisch-Westfälischen Elektrizitätswerk AG

Dr. Klaus **Schnyder**, Vevey/Schweiz
- Stellvertretender Direktor Nestlé SA

Philipp **Schoeller**, Wien/Österreich
- Obmann der Bundessektion Industrie der Bundeswirtschaftskammer
  Vizepräsident der Vereinigung Österreichischer Industrieller
  Vorsitzender der Österreichischen Volkswirtschaftlichen Gesellschaft

Vera **Schoeller**, St. Egyden/Österreich

Andrew **Shoes**, Minneapolis/Minnesota/USA
- Christians in Commerce International

Dr. Anton E. **Schrafl**, Zürich/Schweiz
- Swiss Industrial Development Institute (SIDI)

Horst **Schröder**, Köln/Deutschland
- Geschäftsführer der DEG-Deutsche Finanzierungsgesellschaft für Beteiligungen in Entwicklungsländern GmbH

Günther **Schrof**, Wuppertal/Deutschland
- Geschäftsführer der Arbeitgeberverbände Wuppertal

Dr. Otto **Schulmeister**, Wien/Österreich
- Herausgeber der Tageszeitung „Die Presse"

Karl-Heinz **Schumacher,** Wiesbaden/Deutschland
– Wirtschaftsjunioren Deutschland

Gesandter Dr. Artur **Schuschnigg,** Bonn/Deutschland
– Gesandter an der Österreichischen Botschaft, Bonn

P. Dr. Ludwig **Schwarz,** Vatikanstadt
– Generalvikar Universitas Pontificia Salesiana

Dr. Franz **Schweren,** Düsseldorf/Deutschland
– Steuerberater

Dr. Magda **Schweren,** Düsseldorf/Deutschland

Dr. Helmuth **Schwesinger,** Hamburg/Deutschland
– Ehemaliges Vorstandsmitglied Deutsche Shell AG

Dr. Alfred **Schwingenstein,** München/Deutschland
– Bund Katholischer Unternehmer
Süddeutscher Verlag

Rodolfo **Seguel Molina,** Santiago de Chile/Chile
– Präsident der Kupferarbeitergewerkschaft

Dr. Bernhard **Servatius,** Hamburg/Deutschland
– Aufsichtsratsvorsitzender der Springer AG
Vizepräsident des Zentralkomitees der deutschen Katholiken

Gert **Silber-Bonz,** Höchst/Deutschland
– Aufsichtsratsvorsitzender der Veith-Pirelli AG

Edina **Silber-Bonz,** Michelstadt/Deutschland

S. Em. Jaime Cardinal L. **Sin,** Manila/Philippinen
– Erzbischof von Manila

Bernard **Snoy,** Washington D. C./USA
– Chief, Finance and International Relations Unit
The World Bank

Gerd **Somberg,** Köln/Deutschland
– Präsident des Bundesverbandes Bekleidungsindustrie

Ingo **Sonnek,** Graz/Österreich
- Vorsitzender der Jungen Wirtschaft Steiermark

Prof. Dr. Kim Wan **Soon,** Seoul/Korea
- Professor am Institut für Betriebswirtschaft an der Universität von Korea

Dipl.-Theol. Michael **Spangenberger,** Köln/Deutschland
- Leiter des Referates Kirche/Wirtschaft des Instituts der deutschen Wirtschaft

Rudolf **Spiegel,** Köln/Deutschland
- Leiter des Referats Gesellschaftspolitische Grundsatzfragen des Instituts der deutschen Wirtschaft

Prof. Dr. Manfred **Spieker,** Osnabrück/Deutschland
- Ordinarius für christliche Gesellschaftslehre an der Universität Osnabrück

Hon. Paul K. **Ssemogerere,** Kampala/Uganda
- Innenminister der Republik Uganda

J. W. **Stanton,** Washington D. C./USA
- The World Bank

S. E. Emil L. **Stehle,** Weihbischof Essen/Deutschland
- Geschäftsführer Adveniat – Hilfe der deutschen Katholiken für die Kirche in Lateinamerika

Gerald **Stein,** Essen/Deutschland
- Präsident der S. I. I. A. E. C.

Inge **Stein,** Essen/Deutschland

Karl **Steinmayr,** Oberhausen/Deutschland
- Gilde Katholischer Ingenieure Deutschlands

Dr. Friedrich **Steinhart,** Wien/Österreich
- Geschäftsführer der Österreichischen Volkswirtschaftlichen Gesellschaft

Maria **Steinhart,** Wien/Österreich

Dr. Rolf **Steinke,** Köln/Deutschland
- Bund Katholischer Unternehmer

Dr. Johannes **Stemmler,** Köln/Deutschland
- Verbandsgeschäftsführer des Bundes Katholischer Unternehmer

Dr. Herbert **Stich,** München/Deutschland
- Wissenschaftlicher Chefberater der Siemens AG, Abteilung Wirtschaftspolitik

Prof. Josef **Stingl,** Taufkirchen/Deutschland
- Präsident a. D. der Bundesanstalt für Arbeit

Hans **Strub,** Männedorf/Schweiz
- Evangelisches Tages- und Studienzentrum Boldern

Reinhard **Stuth,** Bonn/Deutschland
- Persönlicher Referent des Bundespräsidenten

Renate **Stuth,** St. Augustin/Deutschland
- Internationales Institut der Konrad-Adenauer-Stiftung

Dr. Meinhard **Supper,** Wien/Österreich
- Referent der wissenschaftlichen und bildungspolitischen Abteilung der Bundeswirtschaftskammer

Johny C. **Tan,** Malate, Metro Manila/Philippinen
- President of the Brotherhood of Asian Trade Unions

Dr. Lieselotte **Thewalt,** Düren/Deutschland
- Geschäftsführerin der Vereinigung von Unternehmerinnen

Josef **Thesing,** St. Augustin/Deutschland
- Leiter des Internationalen Instituts der Konrad-Adenauer-Stiftung

Präses D. Dr. Hans **Thimme** i. R., Bielefeld/Deutschland
- Ehemaliger Präses der Evangelischen Kirche von Westfalen

Dr. Hans **Thomas,** Köln/Deutschland

Dr. Gustav **Tobler,** Zürich/Schweiz
- Schweizerische Bankgesellschaft

Prof. Dr. Raúl **Troncoso** Castillo, Santiago de Chile/Chile
- Staatsminister a. D.

Franz Josef **Trost,** Kirchzarten/Deutschland
- Journalist

Pfr. Dr. Adolphe **Trüb,** Zürich/Schweiz
- Institut Kirche + Industrie der evangelisch-reformierten Landeskirche des Kantons Zürich

Dr. Alfred **Tschandl,** Graz/Österreich
- Direktor der Finanzkammer der Diözese Graz-Seckau
 Vorsitzender der Diözesankommission für Weltkirche und Entwicklungsförderung

Prof. Eduardo **Valencia Vasquez,** Quito/Ekuador
- Profesor de Desarrollo Económico
 Pontificia Universidad Católica

Prof. Dr. Máximo **Vega-Centeno,** Lima/Perú
- Professor de Ciencias Sociales
 Jefe del Departamento de Economía
 Pontificia Universidad Católica del Perú

Prof. Dr. George A. **Villasis,** Manila/Philippinen
- University of Santo Thomas, Manila

Nazario **Vivero,** Caracas/Venezuela
- Director Departamento Relaciones Internacionales Central Latinoamericana de Trabajadores

Reinfried **Vogler,** Frankfurt/Deutschland
- Hauptgeschäftsführer der Arbeitsgemeinschaft Keramische Industrie

Erika **Vogler,** Frankfurt/Deutschland

S. E. Dr. Johannes **Vonderach,** Chur/Schweiz
- Bischof von Chur

Gustav **Wabro,** Bonn/Deutschland
- Staatssekretär und Bevollmächtigter des Landes Baden-Württemberg beim Bund

S. E. Alois **Wagner,** Vatikanstadt
- Vizepräsident des Päpstlichen Rates „Cor Unum"

Dr. Elmar **Waibl,** Innsbruck/Österreich
- Dozent am Institut für Philosophie der Leopold-Franzens-Universität in Innsbruck

Dr. Ernst **Waldstein-Wartenberg,** Krumpendorf/Österreich
- Konsulent für Wirtschaftsfragen
  Vorsitzender des österreichischen Laienrates

Dr. Otto **Walterspiel,** Kassel/Deutschland
- Vorstandsmitglied der Kali und Salz AG

Dr. Jürgen **Warnke,** Bonn/Deutschland
- Bundesminister für wirtschaftliche Zusammenarbeit

Philippe de **Weck,** Matran/Schweiz
- Designierter Präsident der UNIAPAC, ehemaliger Präsident der Schweizerischen Bankgesellschaft

Dr. Stephan **Wegener,** St. Augustin/Deutschland
- Internationales Institut der Konrad-Adenauer-Stiftung

Klaus **Weigelt,** Wesseling/Deutschland
- Leiter der Politischen Akademie der Konrad-Adenauer-Stiftung

Dr. Eberhard **Wehr,** Bremen/Deutschland
- Arbeitgeberverband der Metallindustrie im Unterwesergebiet

Jutta **Wehr,** Bremen/Deutschland

Hans-Jürgen **Weiss,** St. Augustin/Deutschland
- Internationales Institut der Konrad-Adenauer-Stiftung

Wilhelm **Weisser,** Erftstadt/Deutschland
- Publizist

Gertrud **Weisser,** Erftstadt/Deutschland

Peter H. **Werhahn,** Frechen/Deutschland
- Bund Katholischer Unternehmer

Prof. Dr. Rudolf **Weiler,** Wien/Österreich
- Vorstand des Instituts für Ethik und Sozialwissenschaften an der Katholisch-Theologischen Fakultät der Universität Wien

Christof **Weiss,** Wien/Österreich
- Zivilingenieur für Bauwesen
  Geschäftsführer der Fa. Bodner & Weiss
  Katholischer Akademikerverband der Erzdiözese Wien

DDr. Alfred **Weitzendorf,** Graz/Österreich
- Vorstandssprecher und Direktor der Steirischen Brauindustrie AG
  Stellvertretender Obmann des Verbandes der Brauereien
  Kammerrat der Handelskammer Steiermark

Engelbert **Wenckheim,** Wien/Österreich
- Vorsitzender des Vorstandes der Ottakringer Brauerei Harmer AG
  Vizepräsident des Österreichischen Markenartikelverbandes

Walter **Wenger,** Basel/Schweiz
- Direktor der Ciba-Geigy AG

Lotti **Wenger,** Seltisberg/Schweiz

Dr. Olga **Wilde,** Wesseling/Deutschland
- Politische Akademie der Konrad-Adenauer-Stiftung

Prof. Dr. Ralf **Winnes,** Wörth/Deutschland
- Direktor der Daimler-Benz AG, Werk Wörth

Hilde **Winnes,** Gernsbach/Deutschland

Paul **Wißkirchen,** Altenberg/Deutschland
- Domorganist Altenberger Dom

Prof. Robert **Witerwulge,** Louvain le Neuve/Belgien
- Université Catholique de Louvain

Prof. José **Ycaza Coronel**; Guayaquil/Ekuador
- Universidad Católica de Santiago de Guayaquil

Helga **Zeininger,** Münster/Deutschland

Prof. Dr. Reinhard **Zorn,** Valparaiso/Chile
- Universidad Católica de Valparaiso

Dr. Max **Zürcher,** Zürich/Schweiz
- Gesellschaft zur Förderung der schweizerischen Wirtschaft